Pocket Power

Anne Brunner

Ordnung ins Chaos

Die Autorin

Anne Brunner ist Professorin für Schlüsselqualifikationen an der Fakultät General Studies der Hochschule für Angewandte Wissenschaften - Fachhochschule München. Sie vermittelt die so genannten SoftSkills, die nicht nur im Beruf, sondern auch bei der Persönlichkeitsentwicklung und letztlich in allen Lebenslagen unentbehrlich sind.

Anne Brunner ist Herausgeberin der SoftSkills-Reihe bei Hanser.

Anne Brunner

Ordnung ins Chaos

HANSER

Alle Ratschläge und Hinweise in diesem Buch wurden sorgfältig erwogen und geprüft. Eine Garantie kann dennoch nicht übernommen werden. Eine Haftung der Autorin bzw. des Verlags und seiner Beauftragten für Personen-, Sach- und Vermögensschäden ist daher ausgeschlossen.

Bibliografische Information der Deutschen Nationalbibliothek.
Die Deutsche Nationalbibliothek verzeichnet diese Publikation in der Deutschen Nationalbibliografie; detaillierte bibliografische Daten sind im Internet über http://dnb.d-nb.de abrufbar.

Internet: http://www.hanser.de
Lektorat: Lisa Hoffmann-Bäuml
Herstellung: Ursula Barche
Umschlaggestaltung: Büro plan.it unter Verwendung einer Illustration von Frank Schmolke
Illustrationen: Klaus Brunner
Gesamtherstellung: Kösel, Krugzell
Printed in Germany

ISBN: 978-3-446-41069-5

Vorwort

Die Bedeutung von Schlüsselkompetenzen steht außer Frage, international wie national. Ein Blick in die Stellenanzeigen zeigt, wie wichtig sie Arbeitgebern sind. Auch Schulen und Hochschulen sind sich ihrer Verantwortung zunehmend bewusst. In die Lehrpläne gehört nicht nur Fachwissen. Mindestens ebenso wichtig sind allgemeine Fähigkeiten, mit den verschiedenen Situationen und Herausforderungen des Lebens zurecht zu kommen. Für jeden Menschen ist eine der wichtigsten Schlüsselkompetenzen das lebenslange Lernen. Das vorliegende Buch gehört zu der Pocket Power-Reihe SoftSkills, die Bausteine für den lebenslangen Prozess des Lernens, der Weiterbildung und Kompetenzentwicklung liefert.

Was sind Schlüsselkompetenzen? Angesichts der Vielzahl an Literatur ist es nicht leicht, den Überblick zu behalten. Kompetenzen setzten sich aus drei Komponenten zusammen: Wissen, Fähigkeiten und Haltungen. Einstellungen und Haltungen bilden dabei die Grundlage, denn es geht um mehr als um reine Techniken. Schlüsselkompetenzen sind überfachliche Kompetenzen, die sich in folgende Dimensionen einteilen lassen:

- Persönliche Kompetenz (z. B. Selbstreflexion, Werte, meine Stärken und Grenzen)
- Soziale Kompetenz (z. B. Kommunikations- und Kooperationsfähigkeit, Verständnisbereitschaft)
- Methodische Kompetenz (z. B. präsentieren, moderieren, verständlich Schreiben)

- Aktionale Kompetenz (z. B. Initiative, Tatkraft, Ausführungsbereitschaft)
- Reflexive Kompetenz (Reflexionsfähigkeit in Bezug auf äußere Erlebnisse und Erfahrungen)

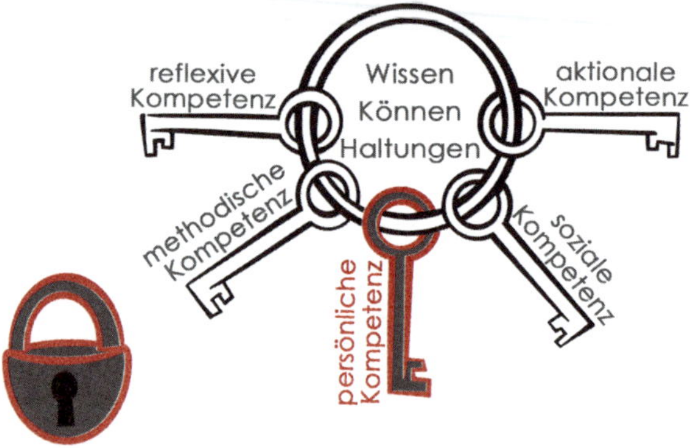

Schlüsselqualifikationen: Fünf Dimensionen, die eng miteinander verknüpft sind. Die reflexive Kompetenz wird hier bewusst als eigene Dimension genannt und bildet den Gegenpol zur aktionalen Kompetenz.

Zur Übersicht dient ein Schlüsselbund, der die fünf Basiskompetenzen darstellt (siehe Bild). Alle Bücher dieser Pocket Power Soft Skills Reihe fördern schwerpunktmäßig eine bestimmte Basiskompetenz. Dieser Band vermittelt Ihnen, wie man das tägliche Chaos bändigen und Ordnung in seine sieben Sachen bringen kann. Er ist also in erster Linie dem Selbstmanagement und damit der persönlichen *Kompetenz* zuzuordnen, wobei mehrere Kompetenzen ineinander greifen.

München, Mai 2007 — Anne Brunner

Inhalt

Verwendete Symbole:

Tipps

Merke

Beispiele

Der Einfachheit halber haben wir im Regelfall die männliche Form gewählt, selbstverständlich sind Männer und Frauen gleichermaßen angesprochen.

1 Worum es geht

Alle Dinge sind schwer, bevor sie leicht werden.
Persisches Sprichwort

Eine kleine Geschichte

Es ist Samstag mittag. Ich beschließe, den eiligen Brief in den Briefkasten einzuwerfen. Dann noch schnell etwas einkaufen, bevor die Geschäfte schließen. Und dann ein wenig joggen. Als ich zur Tür gehe, sehe ich, dass die Post von heute Morgen noch auf dem Tisch liegt. Na gut, bevor ich den Brief einwerfe, werde ich schauen, wer mir geschrieben hat. Ich lasse die Schlüssel auf dem Schreibtisch liegen, werfe die Post weg, die mich nicht interessiert, und stelle fest, dass der Papierkorb voll ist. Die Rechnungen und Kontoauszüge werde ich in der Schublade am Schreibtisch verstauen und den Papierkorb ausleeren. Aber wo die Schublade schon mal offen ist, könnte ich doch eigentlich gleich die Schecks ausstellen, um die Rechnungen zu bezahlen.

Auweia! Es ist nur noch ein Scheck drin. Mein Vorrat an Schecks ist in einer anderen Schublade. Ah, da auf dem Schreibtisch ist ja das Glas mit dem Saft, den ich gerade trinken wollte. Ich werde die anderen Schecks suchen. Aber zuerst muss ich das Glas wegstellen, das steht zu nah am Computer. Ach, dann kann ich den Saft ja auch gleich wieder in den Kühlschrank stellen, er ist schon ganz warm.

Ich gehe in Richtung Küche und sehe, dass die Pflanzen Wasser brauchen. Ich stelle das Glas Saft auf das Tischchen und – juhu – da ist sie ja, die Brille! Die habe ich schon den ganzen Morgen gesucht! Die sollte ich besser sofort verstauen. Ich hole eine Kanne Wasser und nähere mich meinen durstigen Pflanzen.

Jemand hat die Fernbedienung in der Küche liegen lassen. Und ich habe ewig danach gesucht, als ich Fernsehen schauen wollte. Am besten bringe ich sie gleich dahin zurück, wo sie hingehört. Ich gieße meine Pflanzen ein wenig (ein bisschen gieße ich auch den Boden, den werde ich aber bestimmt gleich trocken wischen ...).

Ich werfe die Fernbedienung auf den Sessel und – ja, es ist gerade Zeit, um den Wetterbericht zu schauen. Den muss ich wissen, denn morgen will ich mit Peter und Sabine wandern gehen. Das Wetter für morgen sieht gut aus, doch – oh weh! – ausgerechnet jetzt kommt diese spannende Ratesendung, bei der man eine Million gewinnen kann. Die dauert ja nur etwa eine Stunde – die gönne ich mir jetzt noch. Nach gut zwei Stunden blicke ich auf die Uhr: Jetzt ist aber Schluss mit dem Fernsehen. Doch halt: Da kommt die Vorschau der nächsten Sendung: „Das Leben der Fledermäuse". Auch das noch – dieses Thema fasziniert mich schon seit Jahren. Leicht geknickt lasse ich mich wieder ins Sofa fallen und tauche in die Welt der Fledermäuse ein.

Wie nach einem Tiefschlaf schrecke ich auf, als das schnurlose Telefon klingelt. Doch wo ist der Telefonhörer schon wieder? Ich kann ihn beim besten Willen nicht finden! Inzwischen ist es dunkel geworden. Ich taste mich auf die Haustür zu, die ganze Zeit mit der Frage beschäftigt: Was war es denn noch mal, was ich eigentlich machen wollte???

Der eilige Brief ist noch immer nicht eingeworfen, der

Kühlschrank ist nach wie vor leer, die Joggingschuhe warten hoffnungsvoll an der Tür, die Rechnungen sind unbezahlt, das Glas Saft steht auf dem Tischchen in der Küche, meine Pflanzen haben nicht genug Wasser, um überleben zu können. Im Scheckheft ist nach wie vor nur noch ein restlicher Scheck und überhaupt ... Wo ist eigentlich der Hausschlüssel? Nach einer Stunde vergeblicher Sucharbeit finde ich ihn schließlich unter dem Sofa.

Als mir klar wird, dass ich den ganzen Tag überhaupt nichts zu Ende gebracht habe, bin ich überrascht, denn eigentlich war ich *den ganzen Tag beschäftigt*!

(Quelle: in Abänderung von C. G., Student)

1.1 Ihre sieben Sachen

In diesem Buch geht es um den Umgang mit Ihren sieben Sachen – also all den verschiedenen Dingen, die Ihnen gehören. Ob Arbeitsplatz, Wohn- und Lebensbereich klar abgegrenzt sind oder fließend – in den meisten Fällen haben Sie eine doppelte Zuständigkeit:

- Wenn Sie Single sind, sind Sie neben Ihrer Arbeit auch für Ihre Küche, Kleiderschrank und Keller zuständig.
- Wenn Sie selbstständig sind, arbeiten Sie wahrscheinlich überwiegend dort, wo Sie auch wohnen.
- Wenn Sie einen externen Arbeitsplatz haben, steht wahrscheinlich auch bei Ihnen zu Hause ein Schreibtisch, an dem Sie nicht nur die Steuerabrechnung bearbeiten.

- Wenn Sie als Frau (oder vielleicht auch als Mann) mit eigener Familie beruflich engagiert sind, kennen Sie die Doppelbelastung Arbeiten – Wohnen und wissen, wie wichtig organisatorische Methoden sind.
- Vielleicht gehören Sie auch zu der Gruppe, die einen Teil der beruflichen Aufgaben als Heimarbeit verrichtet.

Kurzum: Die Grenzen zwischen beruflicher und privater Welt sind inzwischen durchlässig und werden es immer mehr. Sie stehen vor der Herausforderung, beide komplexen Welten zu organisieren. Kommen Sie abends nach Hause, möchten Sie sich in einer wohnlichen Atmosphäre entspannen und Ihre kostbare Freizeit wahrscheinlich nicht damit verbringen, über Sachen zu stolpern, einen Stift zu suchen und den Papierberg vom Esstisch zu schieben.

Das Ziel des Buches ist, Sie dabei zu unterstützen, dass Sie Kontrolle über Ihre Sachen haben, und nicht Ihre Sachen Kontrolle über Sie. Daher lohnt es sich, über Ordnungsprinzipien nachzudenken, effektive Methoden zu entwickeln und diese in verschiedenen Lebensbereichen anzuwenden. Dabei möchte Ihnen das Buch helfen.

Das Buch konzentriert sich auf den Umgang mit *Sachen*. Der Umgang mit sozialen Beziehungen, Zeit, Gesundheit oder die allgemeine Lebensplanung würde den Rahmen sprengen.

Zunächst werden allgemeine Ordnungsmethoden vorgestellt – nach dem Motto: *Teach principles, not details*. Anschließend werden diese in den Bereichen Arbeiten und Wohnen exemplarisch angewendet. Freilich, es werden dabei immer ideale Ziele vorgestellt; die Realität macht bekanntlich Kompromisse.

Wenn Sie sich diese Ordnungsmethoden zu eigen machen, haben Sie ein wertvolles Werkzeug an der Hand, um Ihr Leben leichter zu machen.

Viel Schwung und Erfolg!

Bild 1: Federleicht

2

Ordnung: Was ist das?

Nichts kann existieren ohne Ordnung –
nichts kann entstehen ohne Chaos.
Albert Einstein

2.1 Die gute Nachricht

Wenn ein Schreibtisch wie in Bild 2 aussieht, besteht dringender Handlungsbedarf.

Die gute Nachricht: Wo Chaos ist, besteht Hoffnung. Denn Chaos ist der natürliche Vorläufer von

Bild 2: Chaos wird von Tischflächen magisch angezogen, bis diese ganz verschwunden sind

Ordnung. Diese Erkenntnis ist nicht neu, wie einer der ältesten Ordnungstexte der Menschheitsgeschichte zeigt. In der Genesis wird ausgesagt, dass der hochgradig geordnete Kosmos aus einem „Tohuwabohu“ entstanden ist.

Im Anfang schuf Gott Himmel und Erde.
Die Erde aber war Irrsal und Wirrsal [im hebräischen Originaltext: Tohuwabohu].

Genesis 1 (1,2) nach M. Buber

Trotz dieses anfänglichen Wirrwarrs ist der Schöpfungsprozess dennoch in gute Bahnen gelangt. Aus dem „Wie“ lässt sich einiges Grundsätzliches lernen.

2.2 Scheiden und unterscheiden

In Bild 3 liegen die Gegenstände unverbunden nebeneinander. Zufällig liegt das eine hier, das andere dort. Es könnte jedoch schlimmer sein, denn ein ers-

Bild 3: Verschiedene Gegenstände, die kreuz und quer durcheinander liegen. Wie lassen sie sich ordnen?

ter Schritt ist bereits getan: Die Dinge liegen schon einmal nebeneinander und sind dadurch überschaubar. Noch besteht allerdings ziemliches „Tohuwabohu“. Wie sieht der nächste Schritt in Richtung Ordnung aus?

Er findet in unserem Kopf statt, ist also ein mentaler Schritt. Er besteht darin, Kategorien zu bilden. Diese entsprechen bestimmten Kriterien, die Sie zunächst suchen und dann festlegen können. In diesem Fall könnten es folgende sein (Bild 4):

- Kriterium 1: Gewicht (leicht, mittel, schwer)
- Kriterium 2: Material (Holz, Metall, Papier)
- Kriterium 3: Funktion (schneiden, schreiben, essen)

Nun wählen Sie eines dieser Kriterien aus. Bei diesem Beispiel ist wahrscheinlich das dritte am sinnvollsten.

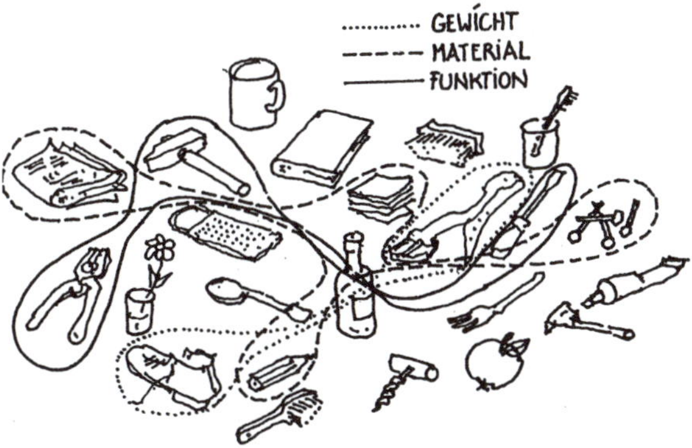

Bild 4: Das Durcheinander wird in Gruppen eingeteilt: Was gehört zusammen?

Was also ist Ordnung?

Gleiches zu Gleichem und von Andersartigem trennen.

Es geht also zunächst darum, zu unterscheiden, sich zu entscheiden, zu scheiden. Diese Erkenntnis ist ebenfalls bereits in der Genesis beschrieben.

Da trennte Gott Licht von der Finsternis. Gott nannte das Licht Tag, die Finsternis aber Nacht. Es ward Abend und es ward Morgen: ein Tag.
... Sodann sprach Gott: „Es werde das Wasser unterhalb des Himmels an einem Ort gesammelt, und das Trockene werde sichtbar!" Und es geschah so. Gott nannte das Trockene Erde, und das zusammengeflossene Wasser nannte er Meer.

Genesis 1 (4,9)

Zum Ordnen gehört also zweierlei: das Unterscheiden, Scheiden, Trennen einerseits und das Zusammenfassen, Gruppieren, Gliedern andererseits.

Schritte zur Ordnung

1. Trennen: Scheiden, unterscheiden, sich entscheiden.
2. Verbinden: Zusammenfassen, gruppieren, gliedern.

2.3 Schneekristall und Sternenhimmel

Aufgabe der Naturwissenschaft ist es nicht nur, die Erfahrung zu erweitern, sondern in diese Erfahrung eine Ordnung zu bringen.

Nils Bohr, Physiker

Ordnung ist ein grundlegendes Prinzip in der Natur. Dort begegnet es uns, wo wir nur hinblicken: in der kristallinen Anordnung einer Schneeflocke, der fünfteiligen Anordnung einer Apfelblüte, den runden Bahnen der Elektronen und der Planeten. Im regelmäßigen Wechsel von Ebbe und Flut, Sommer und Winter, Tag und Nacht. In der zuverlässigen Einteilung in oben und unten durch das ordnende Gesetz der Schwerkraft. Ein wichtiges Ordnungsprinzip in der Natur ist die Symmetrie. Sie begegnet uns im

Bild 5: Ordnungsprinzipien in der Natur und im Tierreich: Schneekristall, Apfelblüte, Hirschgeweih, Pfauenrad

Tierreich z. B. in Form eines Hirschgeweihs oder eines Pfauenrads (Bild 5). Symmetrie symbolisiert Gesundheit und wird nachweislich auch von Tieren erkannt.

In den meisten Fällen fühlen sich Menschen von Ordnung angezogen. Sie fasziniert, wird bewundert und als schön erlebt.

Zwei Dinge erfüllen das Gemüt mit immer neuer und zunehmender Bewunderung und Ehrfurcht, je öfter und je intensiver ich darüber nachdenke: der bestirnte Himmel über mir, und das moralische Gesetz in mir.

Immanuel Kant (1724–1804)

2.4 Bienenwaben und Lichtinseln

Die Ordnung und Verknüpfung der Ideen ist dasselbe wie die Ordnung und Verknüpfung der Dinge.

Baruch de Spinoza

Selbst für die Gestaltung der sekundären Umwelt gibt es Vorbilder im Tierreich: So bauen Bienen ihre „Häuser“ nach einem bestimmten Ordnungsprinzip, nämlich dem Sechseck (Bild 6).

Bild 6: Auch Bienen bauen „Häuser“. Das bestimmende Ordnungsprinzip ist das Sechseck

Bild 7: Architektur: Ordnungsprinzip Symmetrie

Auch Menschen haben zu allen Zeiten versucht, ihre Sekundärwelt, also die menschengemachte Umgebung, nach Ordnungsprinzipien zu konstruieren. Ein wichtiges Ordnungsprinzip ist wiederum die Symmetrie (Bild 7).

Ein weiteres ordnendes Prinzip ist das Licht (Bild 8). Gerichtetes Licht schafft Ordnung, indem es das Licht dorthin lenkt, wo es gebraucht wird: Ar-

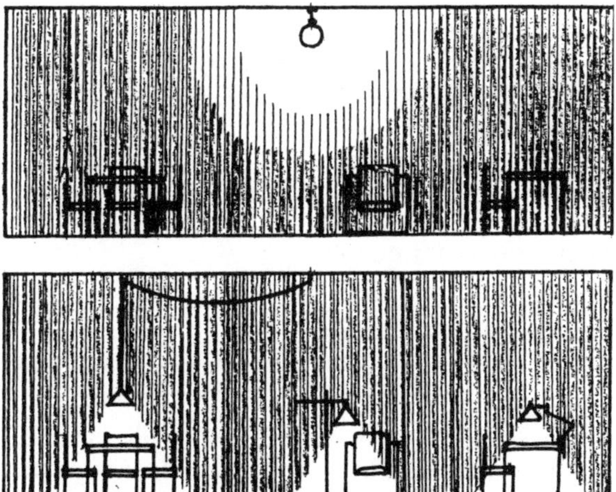

Bild 8: Gerichtetes Licht schafft Ordnung (unten), im Gegensatz zum diffusen Streulicht (oben)

beitsplatz, Besprechungstisch, Leseplatz, Essplatz. Auf diese Weise entstehen Lichtinseln, die den Raum sinnvoll strukturieren. Das Gegenteil wäre eine Neonröhre oder Leuchtkugel an der Decke, die ihr Licht diffus und beziehungslos im Raum verstreut („Streulicht").

2.5 Ordnung ist nicht gleich Ordnung

Ich liebe die Ordnung, aber nicht die gewöhnliche, sondern die organische – sie ist wie ein Baum mit krummen Ästen.

Peter Zadek, Theaterregisseur

Nicht immer ist Ordnung wohltuend. Es gibt auch das Gegenteil: Jemand hat einen „Ordnungsfimmel", die Ordnung nimmt überhand.

Offenbar gibt es zwei Arten von Ordnung: Die eine lähmt und erdrückt, die andere stärkt und belebt. Diese beiden Arten werden hier so genannt:

- monotone Ordnung,
- kreative Ordnung.

Zwei Arten von Ordnung

- Monotone Ordnung: geschlossen, kontrollierend, starr, steril, rigide (Bild 9).
- Kreative Ordnung: spielerisch, offen, es gibt Regeln mit Spielräumen, setzt Kreativität frei (Bild 10).

In Extremsituationen kann monotone Ordnung durchaus sinnvoll sein: So ist ein großes Aktenarchiv anders nur schwer in den Griff zu bekommen. Im alltäglichen Leben ist dieser Ansatz jedoch selten wünschenswert.

Bild 9: Beispiele für monotone Ordnung: Aktenarchiv in einer Amtsstube und marschierende Armee

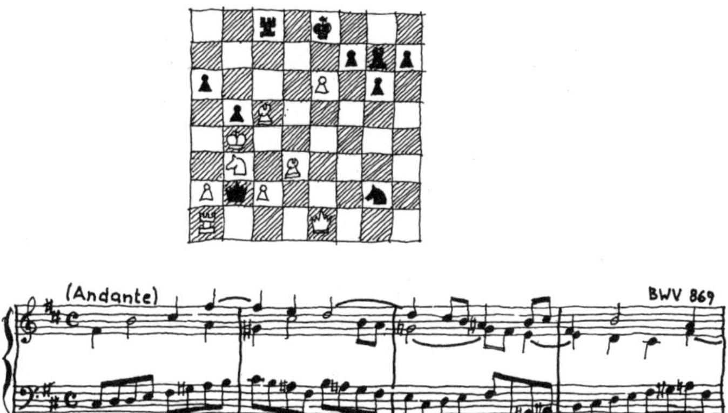

Bild 10: Beispiele für kreative Ordnung: Schachbrett und Bachfuge

Ein typisches Beispiel für eine monotone Ordnung sind die Hochhäuser in Plattenbauweise (Bild 11). Das Gegenteil ist eine Gartenstadt (Bild 12). Sie wurde als Antwort auf die tristen Hinterhöfe der Gründerzeit zu Beginn des letzten Jahrhunderts entwickelt: durchgrünte Freiräume mit individuellen

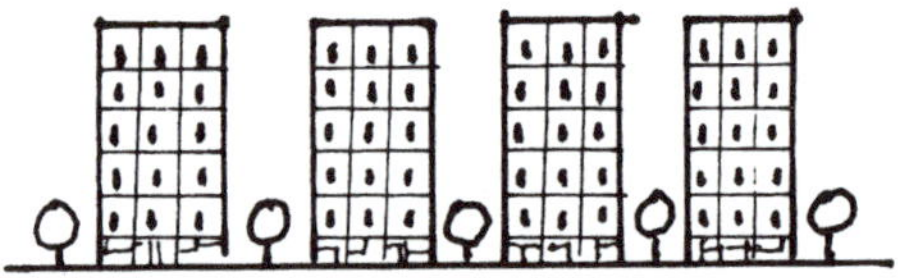

Bild 11: Plattenbau: Beispiel für monotone Ordnung

Bild 12: Gartenstadt: Beispiel für kreative Ordnung

Haus- und Wohnformen. Trotz eines geordneten Straßennetzes verbleibt viel Spielraum für Mensch und Natur. Dies ist ein Beispiel für offene und kreative Ordnung.

2.6 Wenn aus Regeln Spiele werden

Die Gefahr der monotonen Ordnung ist die Überkontrolle, das „Zuviel des Guten“.

Das Schlechte geht an sich selbst zugrunde, und das Gute an seinen Übertreibungen.

Wenn in diesem Buch von Ordnung die Rede ist, ist daher nicht eine monotone, rigide Form gemeint. Ziel ist eine lebensnahe Form, die innerhalb gewisser Regeln Spielräume offen lässt, sich anpasst, flexibel bleibt und Luft lässt zum Atmen.

Neben der Überkontrolle gibt es auch noch ein anderes Extrem, in dem wir uns unwohl fühlen: die Unterkontrolle, also das Chaos. Dieses Problem ist in unserer westlichen (Konsum-)Gesellschaft wohl wesentlich häufiger anzutreffen, da wir es eher mit „Überflutungen“ und „Überschwemmungen“ verschiedener Art zu tun haben.

3 Chaos

Nur ein Genie beherrscht das Chaos.
Albert Einstein

Der Begriff Chaos kommt aus dem Griechischen und bezeichnete ursprünglich eine Schlucht auf der Peloponnes. Plato meint damit eine „wirre Urmasse“. In der Bibel beschreibt der Begriff eine Kluft bzw. gähnende Leere (Lukas 16,26). Chaos ist ein Zustand völliger Unordnung oder Verwirrung, im Gegensatz zum „Kosmos“. Kosmos bedeutet im Griechischen ursprünglich „(Welt-)Ordnung“.

3.1 Hohe Kosten

Chaos produziert ökologischen Ballast. Unser Planet wird von den vielen Dingen belastet, sowohl durch die Produktion als auch durch deren „Entsorgung“ – sei es auf illegale Art oder in Form von ganz legal wachsenden Müllhalden.

Chaos kostet auch in unserem ganz persönlichen Leben etwas: z. B. Zeit, viel Zeit. Wie viele Stunden haben wir schon damit verloren, den Schlüssel, den Stift oder die Schere zu suchen? Ganz zu schweigen von Papierstapeln, die uns vorwurfsvoll anstarren und angeblich gelesen werden wollen. Was schätzen Sie: Wie viel Lesezeit kostet uns eine ein Zentimeter dicke Zeitschrift? Es sind ca. vier Stunden (Küsten-

Bild 13: Keine Zeit für die Zeitung

macher 2006). Ein 20 Zentimeter dicker Zeitungsstapel kostet uns demnach 80 Stunden, also etwa zwei Arbeitswochen Lebenszeit (Bild 13).

Chaos stiftet Verwirrung, es lenkt ab. Man sucht einen bestimmten Fachartikel, stolpert dabei über alte Zeitschriften, beginnt darin zu lesen und hat am Schluss vergessen, was man eigentlich wollte. Oder man sucht ein bestimmtes Dokument, blättert in verschiedenen Ordnern herum, verheddert sich in früheren Briefwechseln, bis man das eigentliche Ziel endgültig aus den Augen verloren hat.

Chaos kostet auch Fläche. Gerümpel breitet sich aus, es ist raumgreifend und flächenfressend. Dies gilt in besonderem Maße für herumliegendes Papier. Denken Sie nur an die Fläche einer einzigen Tageszeitung. Haben Sie schon einmal nachgemessen? Die aufgeschlagene Doppelseite einer Tageszeitung verbraucht ca. einen halben Quadratmeter kostbare horizontale Fläche. Wenn alle Blätter ausgefaltet nebeneinanderliegen, verbrauchen sie fast sechs Quadratmeter. Dies entspricht einer kleinen Küche oder einem Badezimmer. Eine typische Wochenzeitung beansprucht in diesem Fall sogar etwa doppelt so viel Platz, nämlich ca. zwölf Quadratmeter – das ist ein geräumiges Schlafzimmer.

Belegte Flächen verkleinern also ihre Wohnfläche erheblich. Geht man von einem Mietpreis von zehn Euro pro Quadratmeter aus, kosten zwölf Quadratmeter, die mit Papier belegt sind, 120 Euro im Monat. Bei einem Kaufpreis von 2500 Euro pro Quadratmeter kommen dabei 30 000 Euro heraus.

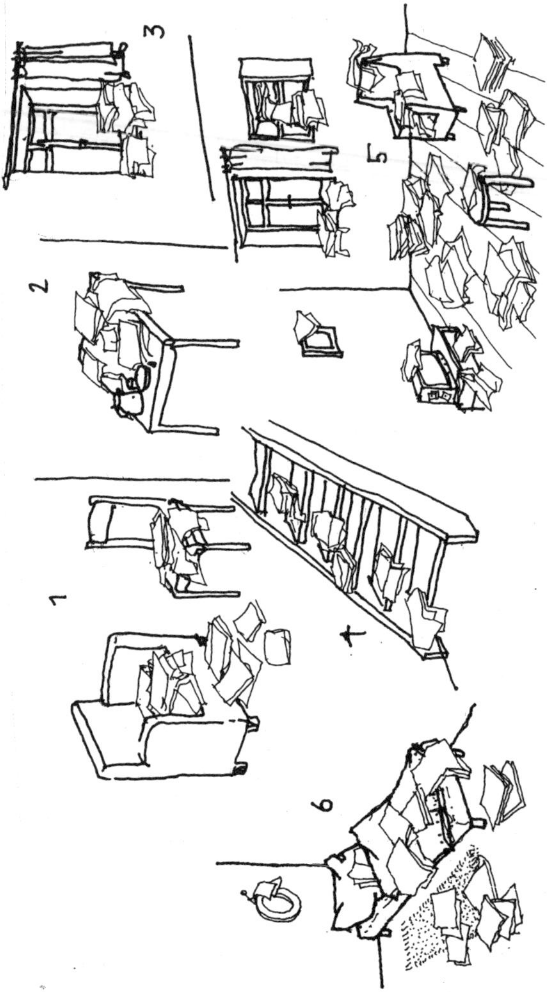

Bild 14: Liegendes Papier, einer der größten „Flächenfresser" unserer Zeit

3.2 Albträume

Daraus können albtraumhafte Situationen entstehen (Bild 14). Sie können

- sich nicht mehr auf einen Stuhl setzen,
- nicht mehr frühstücken,
- das Fenster nicht mehr öffnen,
- sich nicht mehr auf dem Sofa bequem niederlassen, geschweige denn Gäste darauf einladen,
- nicht mehr sicher die Treppe betreten,
- die Tür nicht mehr öffnen,
- nur noch im Storchenschritt von Insel zu Insel balancieren,
- nicht mehr richtig sauber machen,
- sich nicht mehr schlafen legen.

3.3 Krempel, Kram und Kinkerlitzchen

Der Umgang mit Papier ist nicht die einzige Herausforderung. Es gibt viele kleine und große Dinge, die um uns herumliegen, kostbaren Platz stehlen und unsere Aufmerksamkeit zerstreuen. Diese störenden Gegenstände lassen sich in folgende Kategorien einteilen (s. a. Kingston 2006): Dinge, die

- man nicht (mehr) gebraucht,
- man nicht mag,
- man aus schlechtem Gewissen heraus behält (ungeliebte Geschenke, alte Erbstücke),
- defekt sind,
- schlecht geordnet sind,
- sich auf zu engem Raum angehäuft haben,
- unerledigt, d. h. nicht zu Ende gebracht sind,
- „obdachlos“ sind, um uns herumstreunen.

3.4 Nur für den Fall

Warum heben Menschen so viel Krempel auf? Oft sind alte Verhaltensmuster wirksam, die in unserer Biografie begründet sind und im Unbewussten verborgen liegen. Sie bestimmen unser Leben, ohne dass wir es merken. Hier gibt es nur ein Gegenmittel: sich diese Automatismen bewusst machen, sie ans Tageslicht holen, um sie zu entmachten.

Werden Menschen gefragt, warum sie so viel Zeug ansammeln, hört man verschiedene Beweggründe. Dazu gehören:

- Für den Fall des Falles: „Irgendwann einmal kann ich es sicher brauchen."
- Für eine andere Person: „Martina könnte es vielleicht einmal gebrauchen."
- Identität: „Ja, das war ich einmal", „Ja, das hatte ich einmal."
- Status: „Ich bin, was ich habe", „Ich zeig' euch, wer ich bin!"
- Sammeltrieb: „Davon kann ich mich nicht trennen."
- Sicherheit: „Das brauche ich noch."
- Ansprüche: „Das habe ich mir verdient!"
- Territoriale Abgrenzung: „Das ist *meine* Uhr!"
- Geschenk, Erbstück: „Das habe ich von meiner Großmutter!"
- Gier: „Mehr ist besser."
- Geiz: „Das gebe ich nie mehr her."
- Horror Vacui: „Wie soll ich diesen Freiraum nutzen?", „Was soll ich mit der Freiheit anfangen?"

3.5 Klotz am Bein

Überflüssige Sachen haben viele Auswirkungen: auf unser Wohlbefinden, unsere Lebensqualität und unsere Gesundheit. Sie können sich auch auf das Ansehen und Image einer Firma auswirken. Für Krempel zahlen wir einen hohen Preis, und zwar auf verschiedenen Ebenen.

Krempel

- reduziert den Antrieb, macht schlapp und depressiv, lässt zögern und zaudern („das mach' ich morgen"),
- wirkt sich psychosomatisch ungünstig aus (schlechte Luft, blasse Haut), erhöht das Risiko zu Bewegungsmangel und Übergewicht,
- vermehrt den Staub im Raum und in der Luft, erhöht den Putzaufwand („drumrum putzen"),
- fesselt an die Vergangenheit (alte Unterlagen aus der Schul- oder Studienzeit, Briefe, Fotos), übernimmt die Kontrolle und dominiert den Alltag,
- schwächt das Selbstwertgefühl, löst Schamgefühle aus und führt zu sozialem Rückzug,
- hat Einfluss darauf, wie man von anderen Menschen behandelt wird, und kann zu Streit und Konflikten führen,
- ist geschäftsschädigend, vermittelt den Eindruck, „hier haben Kunden und Gäste keinen Platz", „wir haben es nicht im Griff",
- reduziert die Leistungsfähigkeit und Arbeitseffizienz, benebelt einen klaren Kopf und lenkt von wichtigen Dingen ab,
- erhöht die Unfallgefahr (Stolperfallen!) und das Brandrisiko,

- kostet Geld (Anschaffung, Aufbewahrung, Platz, Zeit),
- belastet unseren Planeten (Produktion, illegale und legale „Entsorgung").

Horten kostet

- Stillstand: Krempel ist wie ein Klotz am Bein. Selbst unsichtbar hinter Schränken versteckt, wirkt er bedrückend und lähmend. Er hält an der Vergangenheit fest, trübt den Blick in die Zukunft und bremst Ihre Entwicklung.
- Übergewicht: Es besteht ein Zusammenhang zwischen verstopften Räumen einerseits und Verstopfung, Bewegungsmangel und Übergewicht andererseits.
- Klebstoff: Krempel bindet Energien. Er kostet Kraft, lenkt vom Wesentlichen ab und behindert Ihre Konzentration und Leistung.
- Imageschaden: Krempel ist wenig vertrauenserweckend und daher geschäftsschädigend.
- Minusgeschäft: Unnötige, unnütze Sachen binden totes Kapital. Dies betrifft die Anschaffung, Ausgaben für Aufbewahrungsmittel, reduzierte Flächen und verschenkten Platz. Nicht zu vergessen sind die ökologischen Kosten. Hinzu kommt die verlorene Lebenszeit, die aufgewendet werden muss, um die Dinge zu besorgen, zu suchen und zu verwalten.

Eine negative Wirkung von Unordnung und Chaos war Menschen schon in frühester Zeit bewusst. Nicht zufällig bedeutet „Dia-bolus" der „Durcheinander-Werfer", also derjenige, der die Dinge durcheinanderbringt.

3.6 Die Leichtigkeit des Seins

Bild 15: Luftballon

Der heutige Leidensdruck am „Zuviel" ist offenbar weit verbreitet. Die Themen „simplify" und „simple life" haben Hochkonjunktur. Die Vorreiter kommen aus dem angloamerikanischen Raum (St. James 1994, 1996, Winston 1991, 1999, Kingston 1998), allen voran aus den USA, wo die Menschen in besonderem Maße in den Konsumstrudel geraten zu sein scheinen. Das vermeintliche Schlaraffenland beschert Berge von Schnäppchen und Sonderangeboten, die uns allmählich über den Kopf wachsen. Hinzu kommt die Reizüberflutung im Bereich Kommunikation: laufend E-Mails, Anrufe, volle Mailboxen, Anrufbeantworter und Briefkästen, ganz zu schweigen von Zeitungen, Zeitschriften und TV-Sendungen. Begriffe wie „Leichtigkeit", das Leben „vereinfachen" und „einfach halten" wirken wie Rettungsringe in Seenot. Dieser Trend hat inzwischen auch den deutschsprachigen Raum erreicht (Küstenmacher, Seiwert 2006, Pohle 2003, 2004, Roth 2005). Das Gute am Leidensdruck: Er erhöht die Bereitschaft, etwas zu ändern. Es liegt an uns, alte Verhaltensmuster zu hinterfragen und Platz freizuschaufeln für Neues.

Um sich zu befreien, muss man vor allem eines tun: alte Bindungen lösen, wie bei einem Schiff, das erst dann in See stechen kann, wenn die Leinen gelöst sind. In diesem Sinne also: Leinen los (Bild 16)!

Bild 16: Leinen los! Ein Schiff kann erst dann starten

4
Das Chaos bändigen: 15 Ordnungsmethoden

Ordnung führt zu allen Tugenden.
Was aber führt zur Ordnung?
Georg Christoph Lichtenberg (1742–1799)

Oft sitzen wir vor dem Chaos wie vor einem großen, unüberwindlichen Berg. Die folgenden Methoden sind Stufen, auf denen Sie wie auf einer Treppe hinaufsteigen können, Schritt für Schritt, statt vor einem Berg stehen zu bleiben (Bild 17).

Bild 17: Der große Berg lähmt – die kleinen Stufen motivieren

4.1 Oasen schaffen

WORUM GEHT ES?

- Szene 1: Er weiß gar nicht, wo er anfangen soll. Die Ablagen quellen über, die Schubladen klemmen und der Schreibtisch ist unter Papierstapeln verschwunden.
- Szene 2: Ihr geht es ähnlich. Wenn sie abends nach Hause kommt, graut ihr schon vor dem Drunter und Drüber: herumliegende Taschen am Eingang, Papier und Zettel auf dem Esstisch, Krempel auf der Couch.

Beide haben eines gemeinsam: den großen Plan. Schon lange schieben sie ihn vor sich her: die ganz große Entrümpelungsaktion, das totale Ausmisten, das komplette Reinemachen. Doch in beiden Fällen ist dasselbe Ende vom Lied: Nichts geschieht.

WIE GEHE ICH VOR?

Fangen Sie klein und leicht an! Suchen Sie sich *eine* Einheit, die überschaubar und in sich abgeschlossen ist: eine Schublade, eine Ablage, einen Aktenordner, ein Regalbrett im Bücherschrank, eine Kiste mit technischem Krimskrams, eine Rubrik im Kleiderschrank (z. B. T-Shirts). Diese eine Einheit knüpfen Sie sich jetzt vor, und zwar von A bis Z. Lassen Sie sich nicht unterbrechen oder ablenken, ziehen Sie es durch. Wählen Sie etwas, das Sie in ein bis drei Stunden entrümpeln können.

WAS BRINGT ES?

Sich gleich das ganze Büro, die ganze Wohnung oder den ganzen Keller vorknöpfen, das kann lähmen.

Wenn Sie klein beginnen, reduzieren Sie die Hemmschwelle. Sie schaffen sich eine Wohlfühl-Insel, die künftig zur Tabuzone erklärt wird. Hier gelten nun andere Gesetze: kein Zutritt für Krempel, Kram und Kinkerlitzchen! Hat man erst einmal die frische Luft geschnuppert, die über diese Insel weht, will man meist mehr davon. Wie nach einem Fastentag merkt man schnell, dass der errungene Gewichtsverlust guttut. Endlich weniger Ballast, endlich wieder einen klaren Kopf, endlich wieder Durchblick!

Das macht Lust auf mehr. Warum nicht einfach weitermachen?

Für Fortgeschrittene

In einem fortgeschrittenen Stadium werden die Inseln immer größer. Eine ideale „Trauminsel“ ist ein Zimmer, das Sie sich vorgenommen haben. Inmitten des Tohuwabohus betreten Sie eine andere Welt, wie eine Oase im tosenden Meer der Sachen.

4.2 Auf den Kopf stellen

„… und jedem Anfang wohnt ein Zauber inne …“
Hermann Hesse

WORUM GEHT ES?

Er hat sich die oberste Schublade am Schreibtisch vorgenommen. Vorsichtig öffnet er sie – es klemmt etwas – der Anblick ist relativ erschlagend. Er nimmt ein paar Teile heraus, betrachtet sie und legt sie dann ratlos wieder hinein. Diesmal nur etwas weiter nach hinten. Nein, so kommt er nicht weiter.

WIE GEHE ICH VOR?

Alles muss raus! Stellen Sie die Schublade auf den Kopf, räumen Sie das Regalbrett komplett leer. Bilden Sie einen Haufen – auf einer freien Fläche (falls noch vorhanden), auf einem leeren Tisch (falls es den noch gibt), notfalls auf dem Fußboden.

WAS BRINGT ES?

Zugegeben: Die amorphe Masse vor Ihnen ist nicht gerade ermunternd. Doch wo gehobelt wird, fallen Späne. Die gute Nachricht: Die Schublade ist zum ersten Mal seit ewiger Zeit *leer*. So war es damals, als Sie das Büro bezogen bzw. die Wohnung eingerichtet hatten. Jetzt haben Sie eine einmalige Chance: neu anfangen, zumindest im Kleinen.

Wo gehobelt wird, fallen Späne.

4.3 Glänzende Aussichten

WORUM GEHT ES?

Die leere Schublade, die leere Ablage oder das leere Regalbrett ist wahrscheinlich mit einer Schmier- und Schmutzschicht bedeckt. Eine Staubwolke liegt in der Luft, ebenso ein leicht modriger Geruch.

WIE GEHE ICH VOR?

Machen Sie klar Schiff! Ein Eimer warmes Wasser (mit einem Schuss Flüssigseife oder Essigreiniger) wirkt Wunder.

WAS BRINGT ES?

Erstmals seit langer Zeit glänzen die Flächen wie neu und belohnen Sie mit einer frischen Duftnote. Dies ist nicht nur eine sinnliche Wohltat. Sie überlegen sich außerdem dreimal, was und wie viel nun auf diesen kostbaren Platz zurückdarf.

4.4 Der Härtetest

WORUM GEHT ES?

Der ganze „Salat" liegt nun vor Ihnen. Das ist gut so, denn er zwingt Sie, zu handeln. Je mehr Sachen sich angesammelt haben, desto größer ist die Herausforderung. Jetzt hilft nur eines: nach einer klaren Strategie vorgehen (Kingston 2006, Pohle 2004).

WIE GEHE ICH VOR?

Nehmen Sie jedes einzelne Teil (Büromaterial, technische Kleinteile, Besteck oder was es ist) in die Hand und unterziehen Sie es einer Prüfung – und zwar im Hinblick auf seine Daseinsberechtigung. Jedes Teil wird befragt:

- Brauche ich dich wirklich?
- Habe ich dich nicht schon?
- Bist du noch auf dem aktuellen (technischen) Stand?
- Erleichterst du mir die Arbeit/den Alltag, bist du mir eine Hilfe?

- Bereicherst du mein Arbeitsleben/mein Alltagsleben?
- Gibst du mir Energie, gibst du mir Kraft?
- Gibst du mir Lebensfreude, machst du mich froh?
- Muss ich dich unbedingt aufbewahren?

Jedes Nein ergibt einen Minuspunkt. Ab zwei Minuspunkten hat das jeweilige Teil die Prüfung nicht bestanden, ist also durchgefallen – und damit „fällig".

Der Härtetest in Kürze

- Brauche ich dich wirklich?
- Habe ich dich nicht schon?
- Gibst du mir Kraft, machst du mich froh?

WAS BRINGT ES?

Mit etwas Übung werden Sie diese Fragen auf einen Blick beurteilen und im Schnelldurchgang abhaken. Der Test gibt Ihnen Kriterien an die Hand und hilft Ihnen, systematisch vorzugehen.

Die Frage nach der Nützlichkeit ist natürlich wichtig. Wann haben Sie das Teil zum letzten Mal gebraucht? Wann werden Sie es voraussichtlich das nächste Mal brauchen? Mal ganz ehrlich – und realistisch.

Mindestens ebenso wichtig sind die Fragen danach, welche Wirkungen das Ding auf Sie ausübt. Achten Sie einmal darauf: Gibt es Ihnen Energie, baut es Sie auf? Oder „zieht es runter", fühlen Sie sich erschöpft oder verspannt?

Fühlen Sie sich davon inspiriert, ist es schön anzusehen, weckt es positive Assoziationen? Oder erinnert es Sie an eine Enttäuschung, an ein deprimierendes Erlebnis?

Dabei sollten Sie unterscheiden zwischen dem, was Ihr Verstand sagt, und dem, was Ihr Körper sagt. Oft gehen diese Aussagen auseinander: Der Kopf sagt „Hü", der Körper „Hott". Die körperlichen Reaktionen sind wichtige Signale, die Ihr limbisches Gehirn sendet: der ältere Teil des Gehirns, in dem die Emotionen verarbeitet werden. In der psychosomatischen Medizin werden diese Botschaften „somatische Marker" genannt. Ob Müdigkeit, Muskelverspannungen oder Kopfschmerzen: Nehmen Sie die Signale ernst! Im Zweifelsfall hat Ihr Körper das letzte Wort.

Somatische Marker

Achten Sie auf die Signale der somatischen Marker, also auf die psychosomatischen Reaktionen, die ein Ding bei Ihnen auslöst.

Wichtige Fragen

- Nützlichkeit: Wann habe ich das Teil zum letzten Mal benutzt? Wann werde ich es wieder brauchen?
- Somatische Marker: Gibt es mir Kraft? Macht es mir Freude?

Nun stellt sich die Frage: Wie geht es weiter? Wohin mit den einzelnen Dingen?

4.5 Im Viervierteltakt

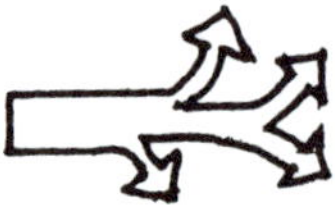

Die Basis einer gesunden Ordnung ist ein großer Papierkorb.
Kurt Tucholsky

WORUM GEHT ES?

Ziel ist es, dass Sie jedes Teil nur einmal in die Hand nehmen. Sie sollten also beim Härtetest gleich entscheiden, wohin das jeweilige Teil kommt. Hier bietet sich die Methode an, die der US-Präsident Dwight D. Eisenhower praktiziert hat. Um Aufgaben zu gliedern, entwickelte er eine Vierfeldermatrix. Sie beruht auf zwei Kriterien: „wichtig" und „dringend" (Bild 18).
Übertragen auf unseren Fall, ergeben sich nun vier Kategorien.

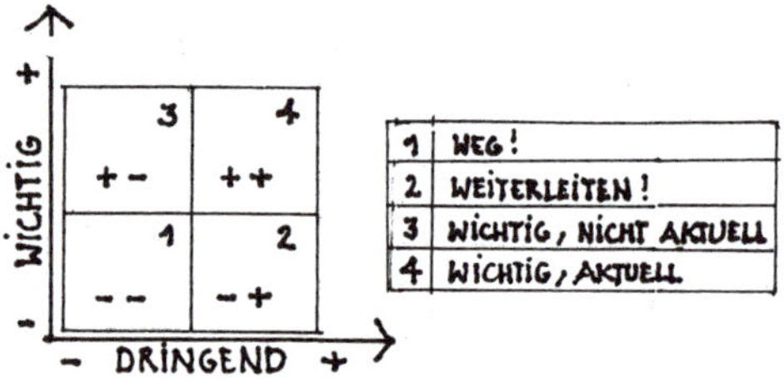

Bild 18: Die Eisenhowermatrix

WIE GEHE ICH VOR?

Besorgen Sie sich vier Kartons (z. B. leere Obstkisten, alternativ Plastiksäcke), die Sie mit einer Nummer versehen: 1, 2, 3, 4. Jede Kiste steht für eine bestimmte Kategorie.

Kiste 1: Weg damit!

In diese Kiste kommt alles, was definitiv in den Abfallcontainer gehört, also Teile, deren Zeit endgültig abgelaufen ist: irreparabel defekt, überholt, überflüssig, unnötig, lästig, schäbig, abgenutzt, heruntergekommen. Ganz gleich, ob defekte Anspitzer, Bleistiftstummel, Werbeflyer, alte Prospekte, alte Zeitungen, alte Tagungsprogramme, Verpackungen, verstaubte Taschen, alte Koffer, verbogene Kleiderbügel, ein altes Radio, ein defekter Toaster oder angeschlagenes Geschirr: Nehmen Sie sich ein Herz!

Natürlich nach Material sortiert und säuberlich getrennt. Was nicht in die Kiste passt, kommt daneben, z. B. der braune Kunstledersessel.

Besonders kritisch sollten Sie betrachten, was Sie in den letzten zwölf Monaten nicht angerührt haben: Dies deutet darauf hin, dass es mit hoher Wahrscheinlichkeit entbehrlich ist. Ebenso suspekt sind „obdachlose" Dinge, die eigentlich nur herumgeistern, immer wieder hin und her geschoben werden, jedes Mal lästig sind und stören. Dies spricht dafür, dass sie überflüssig sind. Fragen Sie sich also ganz konsequent: Ist das Teil wirklich nötig?

Einmal gefüllt sollte diese Kiste gut geschlossen und so schnell wie möglich rausgeschafft werden. Machen Sie Ihr Beine! In erster Linie kommen die üblichen Wertstoffcontainer infrage. Eine für die Entsorgung wichtige Adresse ist der Wertstoffhof, der auch sperriges Material, Sperrmüll und Elektroschrott annimmt. Erkundigen Sie sich bei Ihrer Stadt- bzw. Gemeindeverwaltung, wo die nächste Sammelstelle ist und wann sie geöffnet hat.

Erkundigen Sie sich bei der Anschaffung bzw. Anlieferung eines neuen Gerätes (z. B. eines Kopiergeräts oder einer Waschmaschine), ob das alte Gerät im Gegenzug zurückgegeben werden kann.

Machen Sie den Dingen, die raus sollen, Beine! Kiste 1 so schnell wie möglich entsorgen. Oder wollen Sie riskieren, dass Sie diese in einem schwachen Moment wieder auspacken, oder eine andere Person dies nichts ahnend tut? Also nicht lange herumstehen lassen, keine Türen, Treppen und Flure damit versperren, Auge und Nase nicht zu lange damit strapazieren.

Kiste 2: Weiterleiten

In diese Kiste kommt alles, was wieder in die Welt hinausgeschickt wird. Dazu gehören Unterlagen, die Sie an Mitarbeiter weiterleiten möchten (z. B. Information), Altkleider für den Secondhand-Laden, was Sie entliehen hatten und einer anderen Person gehört (Rückgabe), was reparierbar ist (Reparatur), potenzielle Geschenke, was Sie verkaufen möchten (online, Antiquitäten) oder sinnvoll spenden können (Altkleider für die Caritas, Bücher für die Bücherei oder für das Krankenhaus, das alte Schuhregal für die Abholfirma).

Kiste 3: Wichtig, nicht aktuell

In diese Kiste gehört alles, was Sie längerfristig aufbewahren möchten: wichtige Dokumente (z. B. Garantiescheine, Zeugnisse, Jahresberichte), die Schachtel mit den neuen Bleistiften, die Wollsocken für den nächsten Winter.

Kiste 4: Wichtig, aktuell
Diese Kiste erhält Dinge von aktueller Relevanz und Bedeutung: was Sie umgehend erledigen müssen (den Brief bzw. das Fax beantworten, die Rechnung begleichen), die aktuelle Zeitschrift, die Sie lesen möchten, der eine Kugelschreiber bzw. Füller, den Sie laufend brauchen.

WAS BRINGT ES?

Was vorher ein amorpher Haufen war, hat sich nun in vier übersichtliche Kisten aufgeteilt. Damit werden Sie handlungsfähig und gewinnen Durchblick. Diese Methode ist dann abgeschlossen, wenn die provisorischen Kisten leer und wieder aufgelöst sind: Der Inhalt in Kiste 1 ist entsorgt, der Inhalt in Kiste 2 wurde weitergeleitet bzw. abgegeben, der Inhalt in Kiste 3 und 4 befindet sich an einem festen Platz (siehe Kapitel 4.6 „Werkstatt und Zentrallager“).

- Keine weiteren Zwischenhaufen bilden (Kiste 5, 6 ...)!
- Jedes Teil nur einmal in die Hand nehmen!

Es empfiehlt sich, der Kiste 1 den größten Platz einzuräumen: Die effektivste Diät ist immer noch die radikale Fastenkur. Weniger ist hier mehr.

Vorsicht vor Kiste 2!

- Kiste 2 hat ihre Tücken: Es besteht die Gefahr, dass sie ewig herumsteht und zu neuem Gerümpel wird! Die fällige Reparatur wird immer wieder verschoben, die Verkaufsaktion fällt ins Wasser, die Spende für die Bibliothek oder Caritas liegt auf Eis.

- Setzen Sie sich eine klare Frist, die Sie groß und deutlich auf die Kiste schreiben. Was nach einem Monat nicht erledigt ist, wandert in Kiste 1!

Für Inhalte in Kiste 3 kann es einige Spezialfälle geben.

Spezialfälle

- Krempel-Kiste: Nicht alles lässt sich klar einordnen. Wohin mit den Korken, alten Eisenhaken, Glasröhrchen, Holzklötzchen? Für diesen unklaren Mischmasch, den Sie vielleicht wirklich einmal brauchen könnten, ist eine Krempel-Kiste sinnvoll. Darin können Sie bei Bedarf kramen und suchen, bis Sie etwas Passendes gefunden haben.
- Schatztruhe: Dies kann ein Aufbewahrungsort für Ihre ganz persönlichen Schätze sein. Der Ring der Großmutter, die Uhr vom Großvater, ein paar persönliche Briefe oder Fotos, die Muscheln vom letzten Urlaub. Je nach Umfang können Sie hierfür eine verschließbare Holztruhe, Holzkiste oder Metallbox einrichten, zu der nur Sie Zugang haben.
- Geschenke-Kiste: Für Dinge, die noch nützlich, gut erhalten und schön sind, können Sie eine eigene Kiste einrichten. Doch Vorsicht: Verschenken Sie keinen lästigen heimatlosen Schnickschnack! Die Holzenten werden auch bei Ihren Bekannten nur dumm herumstehen. Sie wollen Ihr Problem doch nicht nach außen verlagern und Ihren Ballast doch nicht anderen aufbürden, oder?

4.6 Werkstatt und Zentrallager

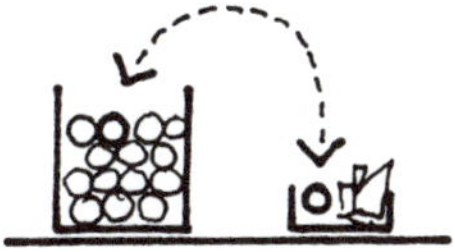

WORUM GEHT ES?

Vorne und hinten, oben und unten, nah und fern: Diese Einteilung finden Sie in verschiedenen Lebensbereichen.

- Laden: Vorne in den offenen Regalen liegen die aktuellen Produkte, hinten im Lager stehen die Kisten mit Nachschub.
- Baustelle: Draußen steht alles, was aktuell gebraucht und bearbeitet wird (Material, Geräte, Werkzeug), weiter entfernt ist ein Lager mit allem, was später oder nur ab und zu benötigt wird.
- Werkstatt: Auf der Werkbank liegen die Säge, der Hammer und das aktuell bearbeitete Kantholz, im Innenhof befindet sich das Holzlager.

Diese Methode kann auch für Sie hilfreich sein: In Reichweite ist nur das, was Sie laufend brauchen oder hier und jetzt bearbeiten. Weiter entfernt sind die Dinge, auf die Sie ab und zu „zurück-greifen“, die Sie später benötigen.

WIE GEHE ICH VOR?

Hier kommt es darauf an, konsequent zu sein: Was brauchen Sie ständig, was brauchen Sie ab und zu und was nur einmal im Jahr? Danach richtet sich die Reichweite:

- je häufiger, desto näher,
- je seltener, desto weiter weg.

Beispiel (siehe Kapitel 4.5 „Im Viervierteltakt")

Kiste 3: Diese Teile sind zwar wichtig, werden jedoch aktuell nicht benötigt. Sie gehören also in das Zentrallager: die Schachtel mit den neuen Stiften in den Schrank im Nebenzimmer, die letzten Jahresberichte in das Archiv, das Werkzeug in den Keller.

Kiste 4: Diese Dinge sind wichtig und aktuell. Sie sollten daher möglichst nah bei Ihnen sein, sodass Sie schnellen Zugriff haben: der laufend benutzte Bleistift in den Stiftbecher, die Schere in die oberste Schublade, die aktuellen Unterlagen auf die oberste Ablage, die aktuellen T-Shirts in das Kleiderfach in Augenhöhe.

WAS BRINGT ES?

Die Regel klingt einfach, wird jedoch häufig nicht konsequent umgesetzt. Wenn Sie mehrmals am Tag aufstehen müssen, um den Brieföffner zu holen, liegt er wahrscheinlich am falschen Platz. Wenn Sie von Papier, Akten und Büchern umgeben sind, die Sie nur selten oder fast nie brauchen, verschwenden Sie wertvollsten Platz. Kurzum: Werkstatt und Zentrallager werden oft nicht klar voneinander getrennt und miteinander verwechselt.

Richtig angewendet ist diese Methode sehr effizient und ökonomisch.

Die Reichweite richtet sich nach dem Gebrauch

- Je häufiger gebraucht, desto näher dran,
- je seltener gebraucht, desto weiter weg.

4.7 Wahrer Luxus

WORUM GEHT ES?

Auf der Tischfläche staut sich das Papier, auf der Fensterbank stehen Tassen mit kaltem Kaffee, auf dem Sideboard liegen obdachlose CD-ROMs.

Auf dem Esstisch wächst der Papierberg aus Post, Programmheften und Werbeflyern, auf der Kommode breiten sich Fotos, Briefe und Dokumente aus, auf dem einen Stuhl liegen Kleider, auf dem anderen Zeitschriften. Kurzum: nirgendwo freie Flächen.

Horizontale Flächen üben eine starke Anziehungskraft aus. Überflüssiges wird von ihnen wie magnetisch angezogen. Was wir einst nur schnell ablegen wollten, wird zum Dauerlager. Diese haben mindestens zwei schlechte Eigenschaften:

- Sie werden bald nicht mehr wahrgenommen, wir entwickeln einen blinden Fleck.
- Sie haben die Tendenz, sich auszubreiten und zu wachsen. Im schlimmsten Fall werden diffuse Deponien und exotische Biotope daraus (Bild 19).

Bild 19: Biotope zwischen den Möbeln

WIE GEHE ICH VOR?

Halten Sie Flächen frei, so viel und so entschieden wie nur möglich. Erklären Sie Oberflächen zu Tabuzonen. Dazu gehören in erster Linie Arbeitsflächen (Küchenarbeitsplatte, Werkbank), Tischflächen (Schreibtisch, Esstisch, Couchtisch), Sitzflächen (Stuhl, Sofa, Bank) und Fensterbretter (Bild 20).

Die Literatur geht hier zum Teil noch weiter: Auch die obersten Abschlussflächen sind tabu. Frei bleibt die Fläche oben auf dem Kühlschrank, auf den Hängeschränken in der Küche, auf den raumhohen Bücherregalen, auf dem Kleiderschrank (Pohle 2003).

Die Strategie der freien Flächen umfasst noch weitere Punkte:

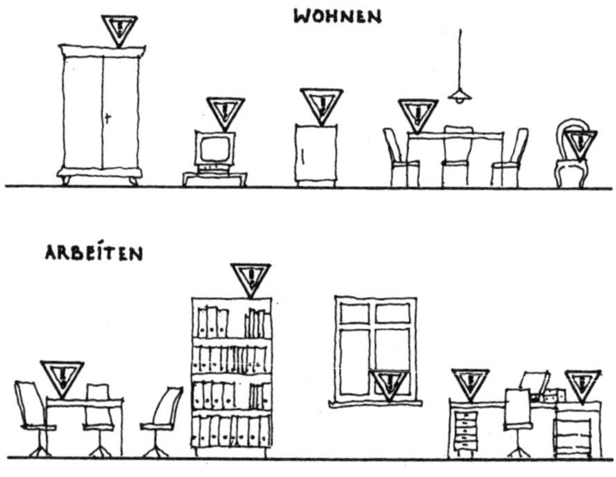

Bild 20: Tabuzonen

- Den Zwischenraum zwischen den Möbelstücken freihalten (z. B. zwischen den Stühlen, zwischen Tisch und Regal, zwischen Regal und Sofa),
- die Flächen und Ecken hinter den Türen komplett frei halten (keine Regenschirme, Kleiderhaken, Taschen, Mäntel etc.),
- den Fußboden komplett frei halten (Bild 21).

Bild 21: Jetzt können Gäste kommen

WAS BRINGT ES?

Ist Ihnen schon einmal aufgefallen, wie Büroräume in Prospekten aussehen? Wie Arbeitszimmer und Wohnräume in Einrichtungskatalogen präsentiert werden? Sie sind nicht vollgestopft, im Gegenteil: Sie sind ziemlich leer. Je höher die Preiskategorie, desto auffälliger ist der Zusammenhang: Der wahre Luxus sind die freien Flächen! Die Räume der Chefetage sind daran zu erkennen, dass sie fast leer sind: freier Schreibtisch, freie Sitzecke, wenige frei stehende Möbel, freie Fensterbank mit leicht geöffnetem Fenster.

Ähnlich das Esszimmer im Designerkatalog: ein sparsam gedeckter und ansonsten leerer Tisch, eine freie einladende Sitzbank, ein freier Fußboden, und sonst: ... *nichts!*

Es ist paradox:

- Nicht die vielen Dinge sind der Luxus, sondern die wenigen Dinge,
- nicht das Volle ist der Luxus, sondern das Leere,
- nicht die Fülle ist der Luxus, sondern die Freiheit.

Dieses Paradoxon gilt in besonderem Maße in der Überflussgesellschaft – in Mangelgesellschaften gelten andere Maßstäbe.

Der wahre Luxus ist die Leere!

- Ein freier Fußboden vergrößert optisch den Raum (abgesehen davon, dass er die Unfallgefahr verringert und das Reinigen erleichtert).
- Eine einzelne Rose, die auf einer leeren Fensterbank steht, kann endlich eine Rose sein.
- Ein Möbelstück, das frei für sich stehen darf, ist eine „Persönlichkeit", kann seine „persönliche Ausstrahlung" richtig entfalten. Es ist, als würde es sagen: „Ich bin ein Stuhl" (und kein Zeitschriftenkiosk oder Kleiderständer), „Ich bin ein Tisch" (und kein Postschalter oder Altpapiercontainer).

Klare Oberflächen sind eine Wohltat für das Auge und steigern unser Wohlbefinden. Dies wird nicht nur Ihnen selbst zugutekommen, sondern auch Ihren Mitarbeitern, Kunden, Klienten und Gästen.

4.8 Aufrichten

WORUM GEHT ES?

Vergleichen Sie einmal: die Fläche Ihrer Matratze und die Fläche Ihrer Fußsohlen. Im einen Fall handelt es sich um die Fläche, die Sie einnehmen, wenn Sie liegen, im anderen Fall, wenn Sie stehen. Was schätzen Sie, wie oft passen Ihre Füße auf die Matratze?

Ähnlich verhält es sich in der Welt der Sachen: Ein liegendes Buch verbraucht mehr Fläche als ein aufrechtes, ein Blatt Papier verschlingt wesentlich mehr Fläche, wenn es horizontal liegt, als wenn es vertikal steht. Was schätzen Sie, wie groß ist der Unterschied?

Quizfrage: Schätzen Sie den Flächenverbrauch

- 1. Matratze versus Fußsohlen: Faktor ....?
- 2. Blatt Papier, horizontal versus vertikal: Faktor ....?

Lösung: Frage 1: Faktor 30; Frage 2: Faktor 3000

WIE GEHE ICH VOR?

Richten Sie die Dinge auf – von der Horizontalen in die Vertikale. Herumliegendes Papier gehört in Hängemappen und Ordner, herumlungernde Kataloge kommen senkrecht in Stehsammler, herumliegende Bücher werden in das Regal gestellt, herumliegende Post wird in der Letterbox wesentlich schlanker.

Aus dem gleichen Grund können Sie Dinge auch hängen: den Topf an die Stange, die Schere an den Haken, den Besen an die Wand.

WAS BRINGT ES?

Sie gewinnen Fläche, und zwar enorm viel. Dies gilt nicht nur für den Tisch und das Regal, sondern auch für den Fußboden: Alles, was an der Wand hängt, kann nicht mehr im Weg herumstehen. Die freie Bodenfläche vergrößert optisch den Raum und erleichtert auch das Sauberhalten.

Ein weiterer Vorteil der Senkrechten: unproduktive Stapel lösen sich auf. Türme und Berge aus totem Material werden zum Leben erweckt. Stapel haben nämlich eine bedrückende Eigenschaft: Sie verschütten die Dinge unter sich. Alles, was nicht ganz oben liegt, ist geradezu begraben. Mal ganz ehrlich: Wissen Sie noch, was „da unten" alles sein Dasein fristet? Also: Bringen Sie es ans Licht! Richten Sie es auf!

Stapel sind erdrückend: Sie verschütten Flächen und begraben Material. Ob Zeitschriften, Papier, Bücher, Briefe oder Fotos: Stapel sind letztlich Material-Friedhöfe. Deshalb sind sie auch so deprimierend, finden Sie nicht?

Lösen Sie Stapel auf, indem Sie alles in die Senkrechte bringen. Nach dem Motto: Von links nach rechts, statt von oben nach unten!

4.9 Ein Viertel Luft

WORUM GEHT ES?

Haben Sie das schon erlebt?

- Die Schublade geht weder richtig auf noch zu – es klemmt.

- Der Ordner lässt sich weder richtig öffnen noch schließen – es klemmt.
- Die Kleiderbügel stecken fest und verhaken sich – es klemmt.

Was fehlt? … Luft! Nicht nur unsere Lunge braucht sie, sondern auch unsere Sachen, damit sie nicht ersticken.

WIE GEHE ICH VOR?

Lassen Sie die Dinge atmen! Gönnen Sie ihnen etwas Sauerstoff. Das heißt: Ein Viertel vom gesamten Platz bleibt frei.

- Die Dinge liegen ganz frei und leicht, denn die Schublade ist zu 25 % leer!
- Das Papier liegt ganz luftig und lose, denn der Ordner ist zu 25 % leer!
- Die Kleider hängen ganz locker, denn die Kleiderstange ist zu 25 % leer!

Lassen Sie die Sachen atmen. Gönnen Sie ihnen 25 % Luft!

WAS BRINGT ES?

Ihre Sachen können aufatmen, und auch die Behälter, die sie beherbergen:

- Die Schublade gleitet wie von selbst auf und zu, ohne zu stocken und zu stolpern.
- Der Ordner lässt sich lässig herausziehen und spielend öffnen, ohne die Hebelmechanik zu strapazieren.
- Die Kleiderstange muss sich nicht mehr durchbiegen und gibt als Belohnung jeden Kleiderbügel mühelos frei.

Nicht nur Ihre Sachen können aufatmen, auch Sie!

4.10 Ins Rollen bringen

WORUM GEHT ES?

Wann haben Sie das letzte Mal hinter Ihren Aktenschrank geschaut? Oder hinter Ihren Kleiderschrank? Die Wahrscheinlichkeit ist groß: Das ist schon etwas länger her. Wie kommt das? Die Antwort liegt auf der Hand: Die Teile sind einfach zu unbeweglich, wie festgewachsen – als hätten sie Wurzeln geschlagen.

Wahrscheinlich ahnen Sie, dass der Anblick dahinter nicht gerade erhebend wäre: Kumulus-Wolken aus Staub, verlorene Münzen und Büroklammern, manch aufgeschrecktes Getier, das sich gemütlich eingerichtet hatte. Im schlimmsten Fall kommen Schimmelspuren hervor – eine Gefahr für Ihre Gesundheit.

WIE GEHE ICH VOR?

Bringen Sie Möbel ins Rollen, soweit es sicher und möglich ist. Dies gilt besonders für schwere Teile, wie Akten-, Bücher-, Kleiderschränke oder große Kisten. Aber auch das Bettsofa, die Couch oder der Tisch können auf arretierbaren Rollen stehen (Bild 22).

WAS BRINGT ES?

Die Reinigungsfrau wird es Ihnen danken, ebenso Ihr eigener Rücken. Staubwolken haben keine Chance mehr, sich in Ecken und Kanten zu verstecken. Das ist gut für Ihre Lungen und die Luftqualität.

Bild 22: Alles auf Rollen

Im Raum kann die Luft besser zirkulieren, was aus bauphysikalischen Gründen ratsam ist und Schimmelbildung verhindert, besonders an Außenwänden.

Sperrige Schränke werden bei Bedarf mit einem Griff mobil und vermitteln die Botschaft: „Hier läuft alles leicht und locker", „Hier habe ich alles im Griff."

Das hebt die Stimmung, nicht nur von Ihnen, sondern auch von Ihren Kunden, Klienten und Gästen.

4.11 Glasklar

WORUM GEHT ES?

Schon mal erlebt?

- „Wo ist denn der Kaffeevorrat?"
- „Ich glaube, im rechten Küchenschrank, in der Dose ganz hinten links."
- „Ist es die? Mal reinschauen. Nein, das ist der Reis."

****

- „Wo sind denn die Briefklammern?"
- „Sie müssten eigentlich in einer der Schubladen unter dem Tisch sein, wahrscheinlich in der dritten von oben."
- „Ich kann sie nicht finden. Kannst du mal bitte kommen?"

Ziemlich mühsam, oder?

WIE GEHE ICH VOR?

Schaffen Sie Durchblick. Undurchsichtige Dosen geben ihren Inhalt nicht so schnell preis – Glas hingegen schon. Krimskrams liebt es, sich in undurchsichtigen Plastiktüten zu verstecken – durchsichtige beenden dieses Versteckspiel auf einen Blick. Undurchsichtige Kartons verbergen ihren Inhalt ebenfalls hervorragend. Im Gegensatz zu dieser rätselhaften „Blackbox" gibt es ehrlichere transparente Boxen.

Gläser kann man extra kaufen, aber auch viele Lebensmittel sind so verpackt. Ob Apfelkompott, Honig oder Tomatenpesto: Einmal geleert können die Gläser als praktische Behälter dienen. Mit Hebelmechanik oder Schraubdeckel sogar gut verschließbar.

WAS BRINGT ES?

Auf einen Blick sieht man, was drin ist: in der Küche die Linsen, Haferflocken und Teebeutel; am Arbeitsplatz die Büroklammern, Reißnägel und Gummis; im Kellerregal die Nägel, Schrauben und Haken.

Motten und Ungeziefer haben schlechte Karten, sich in glasklar verpackten Nahrungsmitteln einzunisten. In Tüten können sie sich wesentlich besser verstecken.

Das Beschriften von Dosen und Kisten entfällt, die Inhalte erklären sich selbst. In eine Reihe aufgestellt sind gleichförmige Gläser schön anzusehen, schöner als die verschiedenen Tüten und aufgerissenen Schachteln mit ihren kunterbunten Werbebotschaften.

Und außerdem: Was ist, wenn Sie einmal krank sind und ein Kollege Sie vertreten soll? Oder Sie sind unterwegs und die Gäste warten bei Ihnen daheim? Glasklar: Mit Gläsern finden sich auch Dritte schnell zurecht.

4.12 Das goldene Gummiband

Bewahre deine Papiere, deine Schlüssel und alles so auf, dass du jedes einzelne Stück auch im Dunkeln finden kannst.

Adolph Freiherr Knigge

WORUM GEHT ES?

Haben Sie etwas Zeit? Dann machen wir jetzt ein kleines Ratespiel. Beantworten Sie bitte folgende Fragen:

- In welcher Tasche ist der Taschenrechner?
- In welcher Tasche ist die Taschenlampe?
- In welcher Tasche ist das Taschentuch?

Sie vermuten richtig: Eigentlich müsste das Teil hier oder da oder dort sein. Aber ist es wirklich so? Schau'n Sie doch mal nach. Hoppla – wo ist es denn?

Und hier Teil II für Fortgeschrittene:

- Wo sind die Reservebatterien für den Taschenrechner?
- Wo sind die Reservebatterien für die Taschenlampe?
- Wo ist eine neue Glühbirne?

Kennen Sie das? Wie viel Zeit haben wir schon damit verbracht, diese unfreiwillige „Schnitzeljagd" zu spielen, obwohl sie doch eigentlich nicht wirklich Spaß macht!

WIE GEHE ICH VOR?

Wie wäre es, wenn dieses Alltagsspielchen nun ausgespielt hat? Probieren Sie doch mal ein neues Spiel, das etwas sinnvoller ist. Es hat nur zwei Spielregeln:

- Spielregel 1: Geben Sie jedem Teil einen festen Platz, eine sichere Heimat, seine persönliche Herberge. Ab jetzt ist der Schlüssel immer in dieser Schublade, sind die Schere und der Stift immer in dem Stiftbecher, ist die Sonnenbrille immer in der Handtasche und das Buch immer im Bücherfach.
- Spielregel 2: Stellen Sie sich vor, dass an jedem Einzelteil ab sofort ein „goldenes Gummiband" hängt. Wenn Sie das Teil herausnehmen, spannt sich das Gummiband an: Je weiter Sie es von sei-

nem Platz entfernen, desto stärker zieht es zurück. Das elastische Band erinnert an den neuen angestammten Platz, zu dem das Teil zurückwill, sobald es nicht mehr gebraucht wird (Bilder 23 und 24).

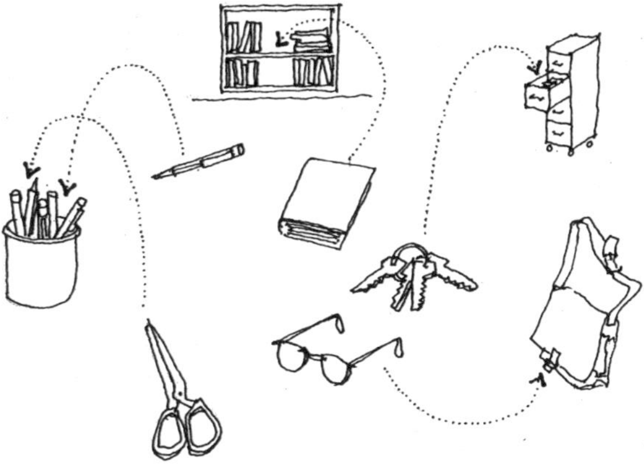

Bild 23: Wieder nach Hause

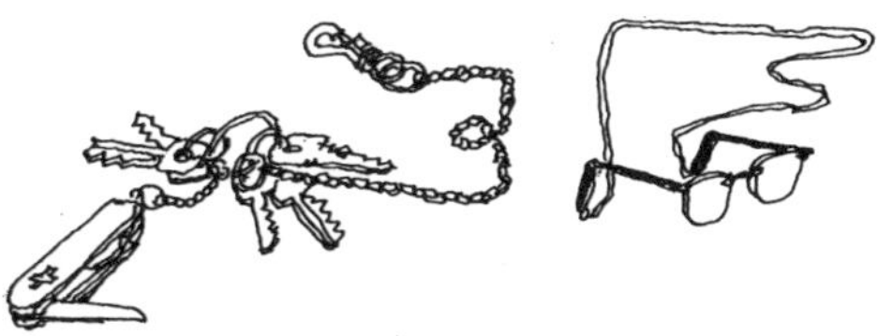

Bild 24: Es gibt auch Ketten für den Schlüsselbund und für die Brille

Woran das Gummiband erinnert

Wenn du mich …

- geöffnet hast, schließe mich wieder zu.
- abgehängt hast, hänge mich wieder auf.
- aufgehoben hast, stelle mich wieder hinunter.
- herausgenommen hast, lege mich wieder hinein.
- hereingeholt hast, stelle mich wieder hinaus.

Wenn ich …

- heruntergefallen bin, hebe mich wieder auf.
- umgefallen bin, stelle mich wieder auf.
- langsam zur Neige gehe, schreibe es auf und sorge rechtzeitig für Nachschub.

WAS BRINGT ES?

Sie spielen ein neues Spiel: Es heißt „Finden“ statt „Suchen“. Es spart viel kostbare Lebenszeit und macht außerdem viel mehr Spaß. Es funktioniert jedoch nur dann, wenn Sie sich an die beiden neuen Spielregeln halten, und zwar konsequent: Einen festen Platz zuweisen und an das goldene Gummiband denken. Nach Gebrauch zieht es jedes Ding an seinen Platz zurück – ruck, zuck, wie am Schnürchen!

Jedes Teil will wieder nach Hause. Das geht wie am Schnürchen – ruck, zuck!

Damit helfen Sie Ihrem Gedächtnis auf die Sprünge und halten es frei für Wichtigeres. Außerdem sind Sie gerüstet, falls Sie die Taschenlampe wirklich einmal im Dunkeln finden müssen.

Wohin kommt ab jetzt ...

- der Geldbeutel?
- der Schlüssel?
- die Brille?
- das schnurlose Telefon?
- das Handy?
- die Eingangs- bzw. Ausgangspost?
- der Kalender?
- der Stift?
- der Notizblock?
- die Schere?
- die Taschenlampe?
- der Taschenrechner?
- die Fernbedienung?
- der Regenschirm?

4.13 Eins rein – eins raus

WORUM GEHT ES?

Szene: Stadtbummel am Samstag.

- „Schau mal, dieser Hut, ist der nicht hübsch? 50 % reduziert, ein echtes Schnäppchen. Und diese türkisgrüne Tasche! Die passt ja genau dazu!" Ein paar Meter weiter: „Diese Schuhe hab ich schon immer gesucht. Und jetzt stehen sie hier, direkt vor meiner Nase. Die Farbe passt genau zu meiner Hose! Ich probier sie mal schnell an."
- „Schau mal, diese neue Digitalkamera! Ein schickes Design. Noch kleiner und eine viel höhere Auflösung. Die kann ich auch direkt an meinen Computer anschließen."

- „Guck mal, wie flach die Bildschirme jetzt geworden sind. So einen möchte ich haben.“

Kennen Sie das? Ja, die Angebote sind wirklich verlockend, und damit auch die Versuchungen. Kein Wunder, dass unsere Schubladen, Büroschränke und Kleiderschränke aus den Nähten platzen. Die Dinge scheinen wie von selbst hereinzukommen, gehen dafür aber umso schwerer wieder hinaus. Da hilft nur eines: der Härtetest (siehe Kapitel 4.4 „Härtetest“).

Dinge kommen wie von selbst rein, gehen jedoch nicht von selbst raus!

WIE GEHE ICH VOR?

Fragen Sie vor jeder Kaufentscheidung jedes Ding:

- Brauche ich dich wirklich?
- Habe ich dich nicht schon?
- Was geht dafür hinaus?

Sobald ein Teil reinkommt, fliegt ein anderes raus!

Sobald Sie vor dem Schaufenster stehen oder im neuen Bürokatalog blättern: Machen Sie sich diese Fragen zur Regel! Fragen Sie sich, noch bevor Sie zur Kasse gebeten werden:

- Ein Paar neue Schuhe? Welches fliegt dafür raus?
- Eine neue Kamera? Durch welche Hintertür geht die alte raus?
- Ein neues Zeitschriften-Abo? Welches wird dafür gekündigt?

Der Härtetest vor jeder Kaufentscheidung

1. Brauche ich dich wirklich?
2. Habe ich dich nicht schon?
3. Falls ich mich für dich entscheide: Welches andere Teil kommt dafür raus?

Machen Sie dem Teil, das Sie mental ausrangiert haben, auch wirklich Beine! Von selbst wird es garantiert nicht den Platz räumen.

Dies gilt auch für Zeitungen und Zeitschriften. Hier gilt das Prinzip: Sobald die neue Ausgabe hereinkommt, nimmt die alte ihren Hut! Im Normalfall heißt das: in den Papierkorb. Dies gilt auch dann, wenn Sie die Zeitung eigentlich noch lesen wollten. Ungelesene Zeitungsstapel machen ein schlechtes Gewissen und schlechte Laune. Nur in Ausnahmefällen dürfen sie in ein sinnvoll strukturiertes Archiv.

WAS BRINGT ES?

Sie halten ein labiles Gleichgewicht aufrecht. Es ist wie in Ihrem Waschbecken: Das Wasser fließt aus dem Wasserhahn hinein und aus dem Abfluss wieder heraus, und zwar gleichzeitig. Andernfalls hätten Sie in kurzer Zeit eine hübsche kleine Überschwemmung.

Warum sollte es bei Ihren Sachen und Papieren anders sein? Besonders wichtig ist das kleine Wort „gleichzeitig“! Also nicht verschieben („später“, „irgendwann einmal“), sondern hier und jetzt entscheiden, zu welchem Opfer sie bereit sind. Worauf verzichten Sie, wovon trennen Sie sich?

Wenn Sie noch nicht entrümpelt haben, also Methoden eins bis fünf noch nicht angewendet haben, ist Frage drei des Härtetests sogar noch strenger. In dem Fall sollten Sie sich nicht nur von einem, sondern von mindestens zwei Teilen trennen. Denn Sie wollen ja nicht nur das Gewicht halten, sondern entschlacken und abspecken, oder nicht?

Aus ökologischer Sicht sind die ersten beiden Fragen des Härtetests am wichtigsten: Darf das neue Teil überhaupt zu mir hereinkommen? Erlaube ich ihm den Zutritt in meinen Bereich? Denken Sie daran: Wenn nichts hereinkommt, muss auch nichts hinausgeworfen werden. Unsere Müllhalden sind schon groß genug.

Unser Blauer Planet

Vergessen Sie nicht das ökologische Prinzip: Lieber verzichten, als wegwerfen! Unser Blauer Planet soll doch blau bleiben, nicht wahr?

4.14 Das gute Stück

WORUM GEHT ES?

- „Immer dasselbe: So viele Kugelschreiber und keiner geht."
- „Immer das gleiche Lied mit den Bleistiften: Wenn man einen braucht, ist er entweder stumpf oder abgebrochen."
- „Wohin mit den vielen Fotos? Und ständig kommen neue dazu ..."

Kommt Ihnen das bekannt vor?

WIE GEHE ICH VOR?

Wählen Sie das gute Stück aus: den einen schönen Kugelschreiber, den einen spitzen Bleistift, das eine besondere Foto (Bild 25).

Mit diesem ausgewählten Stück gehen Sie besonders gut um: Es darf in den Bereich „Werkstatt“, also an den Arbeitsplatz oder in die Jackentasche. Oder das schönste Foto von der Großmutter. Es darf an einen besonderen Platz: auf die Kommode, in die Schatztruhe oder in die kleine Fotobox.

Der Rest kommt in ein Zentrallager (Kiste 3) oder konsequent weg (Kiste 1 oder 2, siehe Kapitel 4.5 „Im Viervierteltakt“).

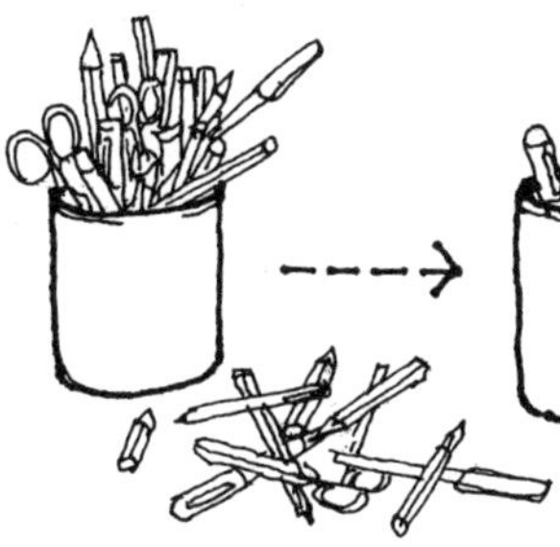

Bild 25: Der goldene Becher

WAS BRINGT ES?

Das eine Foto von der Großmutter: Plötzlich wird es ein kostbares Stück Erinnerung – im Gegensatz zu dem chaotischen Sammelsurium von den 157 im Schuhkarton. Von Profifotografen weiß man: Ein ganzer Film wird verschossen für ein einziges Bild, das schönste. Der Rest ist für den „P“: Papierkorb.

Den einen Füller werden Sie umsichtig und achtsam behandeln, er wird zu einem treuen Freund und Begleiter. Das gilt auch für den einen immer spitzen Bleistift, die eine kostbare Schere, das eine edle Brotmesser.

- Der achtsame Umgang mit dem guten Stück erhöht dessen Lebenserwartung.
- Qualität statt Quantität.
- Weniger ist mehr.

4.15 Vor dem Anfang kommt das Ende

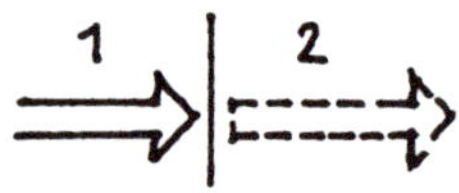

Ich räume mehrmals am Tag meinen Schreibtisch auf, damit immer nur ein Vorgang vor mir liegt.

Thomas Heine, Geschäftsführer, auf die Frage:
Verraten Sie uns eine Marotte?
Rubrik „Arbeitsplatz“, in:
Handelsblatt 2006 (Nr. 179: S. 8)

WORUM GEHT ES?

- Szene 1: Die Deckel liegen neben den offenen Farbeimern. Fliegen und Mücken schwimmen in der weißen Farbe. Auf dem Boden verstreut gebrauchte Pinsel – sie trocknen in der Nachmittagsonne vor sich hin. Ebenso diverse Farbkleckse. Die Abdeckplanen flattern und knattern im Wind. Feierabend.
- Szene 2: Die offenen Filzstifte trocknen vor sich hin – die Kappen fehlen. Lineal- und Scherenspitzen lugen unter einem Papiermeer hervor. Papierrollen sind auf

den Boden gekullert. Auf der Fensterbank ein paar Teller mit Kuchenresten, in den Bechern kalter Kaffee. Einziges Lebenszeichen: die summende Stubenfliege. Feierabend.

Hand aufs Herz: Sieht Ihr Arbeitsplatz manchmal so ähnlich aus? Stellen Sie sich vor, dieser Kuddelmuddel würde am nächsten Morgen auf Sie warten. Ebenso neue Aufgaben, die mit denen von gestern nichts mehr zu tun haben. Wie steht es da um Ihre Motivation, neu ans Werk zu gehen?

Wenn sich das von heute mit dem von gestern und vorgestern vermischt, haben wir wohl eher Katerstimmung als Morgenfrische, oder nicht?

WIE GEHE ICH VOR?

Schließen Sie erst das eine ab, bevor Sie mit dem Neuen beginnen. Deckel zu, Stifte zurück, Schere hinein. Unterlagen versorgen, Ablagen klären, Arbeitsflächen befreien. Kurze Zwischenpausen können dazu dienen, die aktuelle „Baustelle" aufzuräumen: Alles, was im Weg steht, kommt raus; alles, was ausgedient hat, kommt weg. Und: Alles, was jetzt für mich wichtig ist, darf auf den Tisch – und nur das.

Das gilt nicht nur für große Arbeitsschritte, sondern auch für die kleinen Zwischenetappen. Eine Bergbesteigung geht ja auch nicht an einem Stück. Da gibt es Berghütten, in denen man sich ausruht, sich umzieht, den Rucksack umpackt, um dann wieder gestärkt aufzubrechen.

Wichtig sind also auch die zeitlichen Zäsuren: Mach mal Pause. Erst mal an die frische Luft oder in die Sonne. Abstand gewinnen. Dann geht es weiter.

WAS BRINGT ES?

Sie machen die Bahn frei. Sie schaffen alles fort, was Ihnen im Weg steht – Stolperfallen also, die Ihr Fortschreiten behindern. Sie schaffen Platz für Neues, sorgen für einen klaren Kopf.

Sie können die Zwischenstufen genießen und Schlusspunkte setzen. Das ist befreiend. Durchatmen, aufatmen und neu starten.

5 Schnappschüsse

Ein Mensch sagt, und ist stolz darauf,
Er geht in seiner Arbeit auf.
Bald aber, nicht mehr so ganz munter,
Geht er in seiner Arbeit unter.

Eugen Roth

Haben Sie Lust auf einen Rundgang? Von ein paar typischen Szenen im Arbeits- und Wohnbereich machen wir einige Schnappschüsse. Durch das Methodentraining (siehe Kapitel 4) haben Sie ja schon einen geschulten Blick und können Diagnose und Therapie sicher auch schon selbst nennen.

5.1 Sich verzetteln

Sie sind klein, aber gar nicht fein. Eher lästig, wie Stubenfliegen, diese Klebezettel. Besonders scharf sind sie auf freie Flächen: Kühlschrank, Monitor, Schreibtisch (Bild 26). Und wenn sie nicht kleben, dann liegen sie: auf der Fensterbank, auf dem Fernseher, auf dem Bücherregal, auf der Ablage am Bett. Meist enthalten sie nur wenige Worte, z. B.: „Martin Geburtstag“, „Briefklammern“, „neues Papier“. Oder eine Adresse, eine Telefonnummer, eine Wegbeschreibung. Eines haben sie meist gemeinsam: ein dickes Ausrufezeichen.

Gegen diese Plage hilft nur eines: eine Kladde

Bild 26: Wie Stubenfliegen

(Bild 27). Auf einen Schlag sind all diese bunten kleinen Plagegeister verschwunden. Jede Notiz, und sei sie noch so klein, jede Telefonnummer, jeder Hinweis, jede Telefonmitschrift, jeder Einfall, jede Idee – all dies verschwindet nun in dieser einen Kladde und wird unsichtbar, sobald Sie diese zuklappen.

Bild 27: Klare Kladde

Als praktisch erwiesen hat es sich, wenn Sie zwei Kladden haben: eine größere (z. B. DIN-A4 oder -A5) für den Schreibtisch, eine kleine für die Jackentasche (z. B. DIN-A7). Wie oft kommen Ihnen gute Ideen, wenn Sie im Zug sitzen, spazieren gehen oder die Zeitung lesen? Oder Sie wollen unterwegs eine Notiz festhalten. Dass dazu jeweils ein Stift gehört, versteht sich von selbst.

5.2 Ausmisten

Gebraucht die Zeit,
sie geht so schnell von hinnen!
Doch Ordnung lehrt Euch
Zeit gewinnen.
Johann Wolfgang von Goethe,
Faust 1 (Mephisto)

Sie kennen das:

„Wo ist die Notiz für das Meeting am Montag? Ich bin sicher, ich hatte sie gestern noch in der Hand."

Nun beginnt die bekannte Arbeit als Baggerführer: Papierberge hin und her schieben, den Teller hochheben, unter die Tasse schauen, CD-ROMs liften, diverse Klebezettel durchlesen, den überquellenden Terminkalender öffnen, in Büchern blättern, Kartons durchsuchen (Bild 28). Endlich: Der Zettel liegt unter dem Locher!

Inzwischen haben Sie die S-Bahn verpasst. Spätestens in diesem Augenblick wissen Sie: So kann es nicht weitergehen. Da hilft nur eines: Ausmisten!

Wie es geht, wissen Sie bereits aus den Abschnitten 4.1 bis 4.5. Sie können klein anfangen oder gleich in die Vollen gehen (siehe Bild 29).

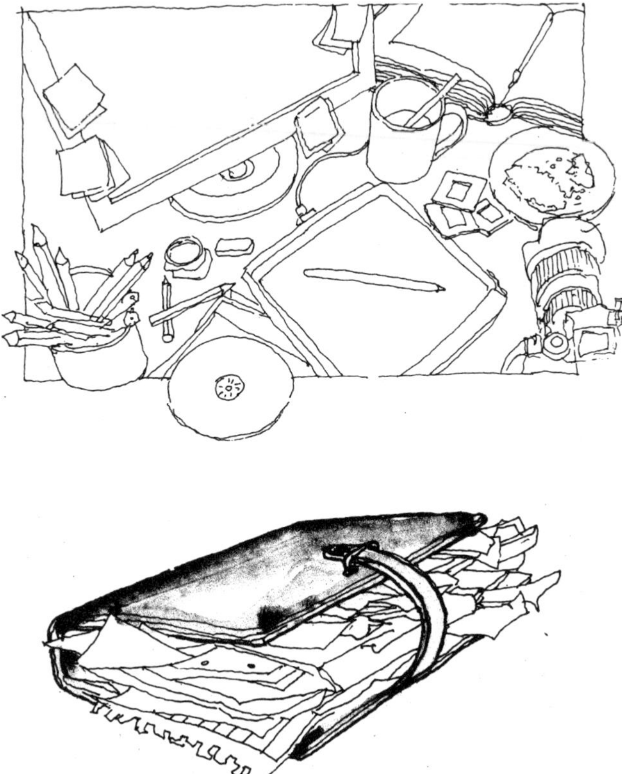

Bild 28: Es quillt über (Schreibtisch und Terminkalender)

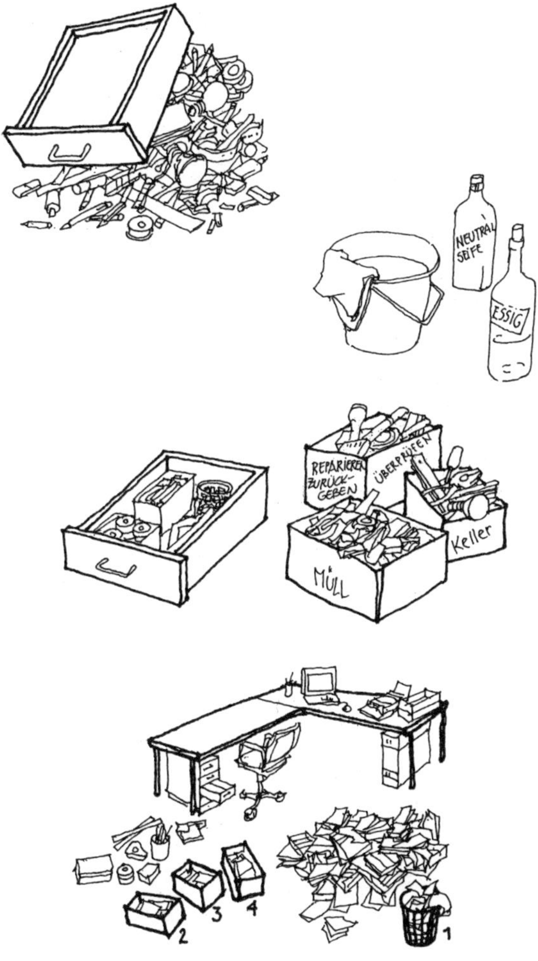

Bild 29: Eisenhower in der Schublade und am Schreibtisch

5.3 Durchlüften!

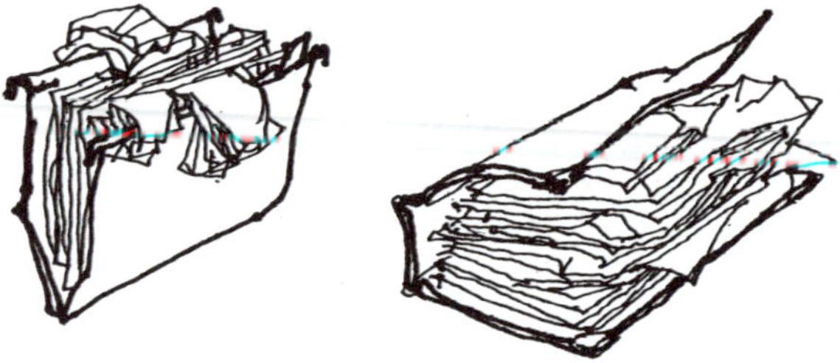

Bild 30: Ordner und Hängemappe in Atemnot

Bei Bild 30 erübrigt sich wohl jeglicher Kommentar. Was das Bild nicht zeigt, ist das, was beim Herausnehmen des Ordners alles auf den Boden gefallen ist. Entweder weil es nur provisorisch hineingestopft wurde, weil sich der Hebel nicht mehr verriegeln lässt oder weil die Löcher im Papier ausgerissen sind.

Die Hängemappe ist in ähnlicher Bedrängnis; nur mit Ach und Krach konnte man sie aus dem Mappenboy heraushieven.

Bild 31: Ordner und Hängemappe atmen auf

Da hilft nur eines: Entstopfen und Sauerstoff zuführen, und zwar 25% (siehe Kapitel 4.9). Nach der Sauerstofftherapie geht es Ihrem Ordner und Ihrer Hängemappe schon wesentlich besser (Bild 31). Und Ihnen auch, oder?

5.4 Vom I zum U

Es gibt Schreibtische, da sieht es aus, als würde die Person nicht mehr arbeiten, sondern sich hindurchwühlen – wie ein Maulwurf (Bild 32). Offenbar ist dieser Schreibtisch nicht optimal organisiert, was daran zu erkennen ist, dass man die Person kaum noch sieht und diese unterzugehen droht.

Bild 32: Ein Maulwurf bei der Arbeit

Das liegt daran, dass der Tisch mit verschiedenen Funktionen überladen ist: Ablage für Papier; Stellfläche für PC, Drucker, Scanner, technische Kleingeräte; Zentrale für den bekannten Kabelsalat; Aktenarchiv; Materiallager für Bürozubehör und Kaffeetisch. Kein Wunder, dass man schließlich eines nicht mehr kann: auf dem Schreibtisch schreiben!

Das Problem: Ein einzelner rechteckiger Schreibtisch, also die I-Form, ist mit diesen vielen Funktionen schlichtweg überfordert. Ein Fortschritt war bereits der L-förmige Tisch, der zumindest zwei Flächen anbietet. Aber auch hier entsteht sehr schnell ein Drunter und Drüber.

Ein möglicher Ausweg: eine dritte Fläche hinzufügen, also ein U bilden (Bild 33).

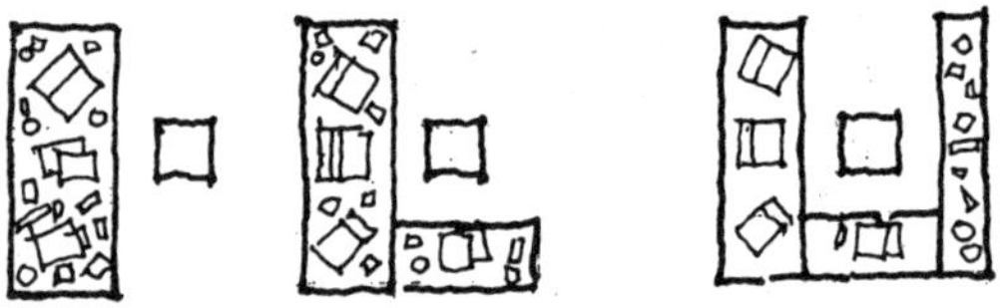

Bild 33: I, L, U (Schemagrundriss)

Jeder Fläche wird eine bestimmte Funktion zugeordnet:

1. Technik (PC, Taschenrechner, Drucker, CD-ROMs),
2. Handarbeit (schreiben, lesen, ordnen, notieren),
3. Arbeitsmittel (Radiergummi, Locher, Hefter, Briefklammern, Schere, Klebestift) sowie notwendiges Papier (Formblätter, Briefumschläge,

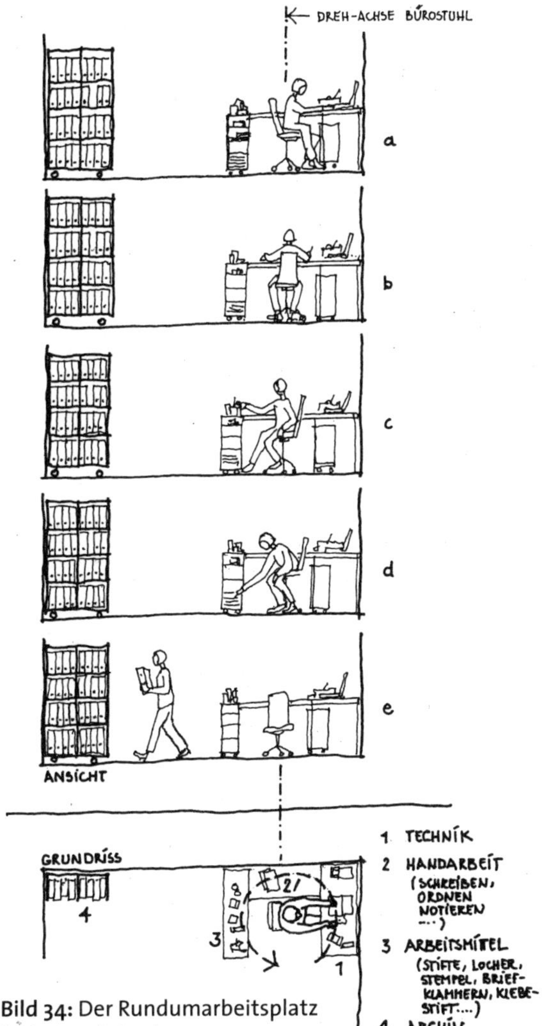

Bild 34: Der Rundumarbeitsplatz (Arbeitsschritte)

Schreibpapier). Diese dritte Fläche kann auch ein zugefügtes (Roll-)Regal in Arbeitshöhe sein.

Im Zentrum steht der Drehstuhl (Bild 34). Die Abmessung des Kreises ergibt sich aus dem Radius der Armlänge bzw. aus der Reichweite. Wo ein Ding steht, richtet sich danach, wie oft man es braucht (s. Kapitel 4.6):

- Was laufend gebraucht wird, kann mit einer Armlänge erreicht werden und befindet sich in Arbeitshöhe.
- Für Dinge, die seltener gebraucht werden, muss man sich bücken.

Bild 35: Das U (Schaubild)

- Für Dinge, die man nur ab und zu benötigt, gebraucht man die Füße, z. B. beim Gang zum Archiv.

Das System richtet sich also konsequent nach der Zugriffsnähe. Das Ergebnis könnte wie in Bild 35 gezeigt aussehen.

5.5 Bonjour, tristesse!

Bild 36 zeigt ein besonders abschreckendes Beispiel eines Büros. Die verdorrte Pflanze wurde vom Vorgänger übernommen. Die Verpackungen von Geräten und Büromaterial stehen einfach herum. Anfangs als Provisorium gedacht, sind diese Kartons eigentlich gar nicht so unpraktisch: Krempel kann man einfach hineinwerfen und die Kaffeetasse obendrauf stellen. Und ach, wohin mit der Pflanze und dem neuen Drucker? Da kommen die Pappschach-

Bild 36: Tristesse im Büro

teln doch wie gerufen. Das ist nun schon fast ein Jahr her – inzwischen stört es keinen mehr.

Wirklich nicht?

Selbst wenn Sie sich inzwischen einen blinden Fleck zugelegt haben: Mitarbeiter, Kollegen, Gäste, Kunden und Klienten haben durchaus gute Augen im Kopf. Und was Außenstehende hier sehen, ist nicht besonders vertrauenserweckend, im Gegenteil. Das Bild lässt nicht gerade auf eine effektive, verlässliche und moderne Organisation schließen. Ein Büro, das einen solch tristen Eindruck macht, schadet dem Image der Firma. Es schadet auch dem Arbeitsklima, der Motivation und der Leistungsfähigkeit derjenigen, die darin arbeiten und immerhin auch leben sollen.

Daher: Leisten Sie sich keine blinden Flecken! Leere Kartons gehören in den Container. Einzige Ausnahme: Verpackungen von technischen Geräten, deren Garantie noch nicht abgelaufen ist. Aber auch die gehören nicht hierher, sondern in ein Lager (Keller, Abstellraum, Nebenraum).

Die vertrocknete Pflanze strahlt auch nicht gerade Energie und Lebensfreude aus. Warum sollte es Ihnen dann besser gehen?

Menschen gestalten ihre Räume. Und die Räume gestalten ihre Menschen!

Gestalten Sie Ihren kostbaren Platz. Seien Sie wählerisch, was in Ihre Nähe darf. Sie wollen sich doch nur mit sinnvollen, nützlichen bzw. schönen und belebenden Dingen umgeben, oder nicht?

Ihr Büro ist keine Lagerhalle und auch keine Deponie. Entsorgen Sie leere Verpackungen, Kartons, vertrocknete Pflanzen und alles, was funktions- und heimatlos im

Weg steht. Ihr Platz ist viel zu kostbar! Und Sie sind es auch.

Schreiben Sie das Datum, an dem die Garantie ausläuft, auf den Originalkarton und auch in Ihren Kalender. Wenn es so weit ist: ab in den Container mit der Kiste!

5.6 Guten Morgen, Schreibtisch!

Es ist wie kalter Kaffee: Am nächsten Morgen gähnt Sie der Schreibtisch so an, wie Sie ihn gestern Abend verlassen haben: Angefangenes, halb Fertiges, nicht Beendetes, kreuz und quer, drunter und drüber (Bild 37). Wie soll man da mit Schwung in den neuen Tag starten? Hier wurde offensichtlich eine Methode übergangen, nämlich: „Vor dem Anfang kommt das Ende“ (siehe Kapitel 4.15).

Bild 37: Gute Nacht!

Natürlich können wir nicht jeden Vorgang am Vortag abschließen. Was wir aber tun können, ist, Ordnung in die „Werkstatt“ zu bringen, bevor wir sie verlassen. Das heißt: einen Neuanfang vorbereiten. Und zwar so, dass Sie sich morgen quasi an einen „gedeckten Frühstückstisch“ setzen können.

Im Idealfall begrüßt Sie am nächsten Tag ein nahezu leerer Schreibtisch. Darauf liegt nur der erste Vorgang, mit dem Sie schwungvoll in den Tag starten (Bild 38).

Bild 38: Guten Morgen!

5.7 Ins Lot bringen

Für alle, die gegen die Schräglage kämpfen und bei denen das Bücherbord so aussieht, gibt es ein einfaches Gegenmittel: Buchstützen (Bild 39). Es klingt vielleicht simpel, wird jedoch oft vergessen.

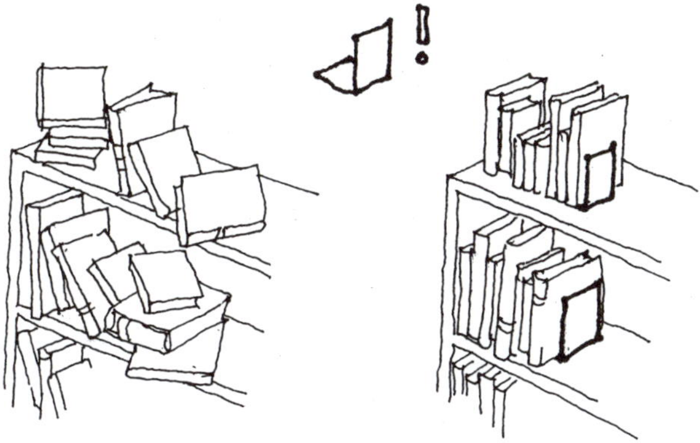

Bild 39: Bücher stützen

Diese bringen nämlich alles wieder ins Lot. Das gilt auch für den Schreibtisch. Post breitet sich in der Regel unbekümmert über die ganze Arbeitsfläche aus. Auch hier können Buchstützen Wunder wirken: Der Postberg wird in seine Grenzen verwiesen. Mit Letterboxen geht es auch.

Als Erstes kommen die geöffneten Briefumschläge in den Papierkorb (Pohle 2004).

5.8 Tür auf – Tür zu

Wenn die Tür zu Ihrem Abstellraum nicht mehr zugeht, und sich die Türen am Kleiderschrank nicht mehr schließen lassen, haben Sie ein Problem (Bild 40). Wenn zudem die Wohnungstür nicht mehr richtig aufgeht, dann ist Alarmstufe Rot. Sie erinnern sich: Nach der strengen Ordnungstheorie soll hinter

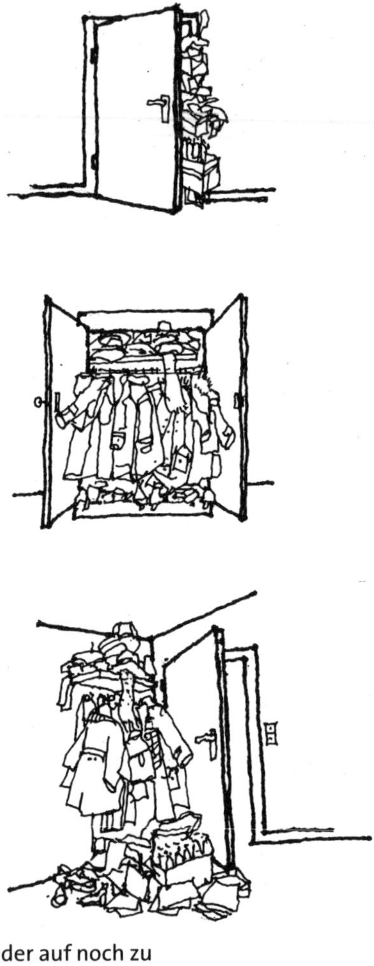

Bild 40: Weder auf noch zu

Türen nichts hängen oder stehen, nicht einmal der Mantel oder Regenschirm (siehe Kapitel 4.7).

Hier helfen nur Methoden der Kapitel 4.5 und 4.9. Wenn Sie auf halbem Wege zum Ziel sind, sieht Ihr Kleiderschrank etwa so aus (siehe Bild 41). Die Altkleidersammlung und der Secondhand-Laden freuen sich schon!

Einbauschränke können eine Schein-Ordnung vortäuschen. Doch Vorsicht: Gerümpel und Chaos entfaltet seine bedrückende Wirkung auch dann, wenn es sich unsichtbar hinter geschlossenen Türen versteckt. Entscheidend ist, wie es innen aussieht. Lassen Sie sich daher nichts vormachen. Was zählt, ist die Realität hinter den Türen!

Bild 41: Fast gelüftet!

5.9 Ein Griff, statt zwei

Wer Ordnung hält, ist nur zu faul zum Suchen.
Volksmund

Sie suchen den Schneebesen. Moment, in welcher Schublade ist er denn? Nein, hier ist er nicht, aber vielleicht hier. Aber auch in dieser Schublade geht's drunter und drüber. Nein, da blickt keiner mehr durch.

Wie schön wäre es, man hätte alles mit einem Griff!

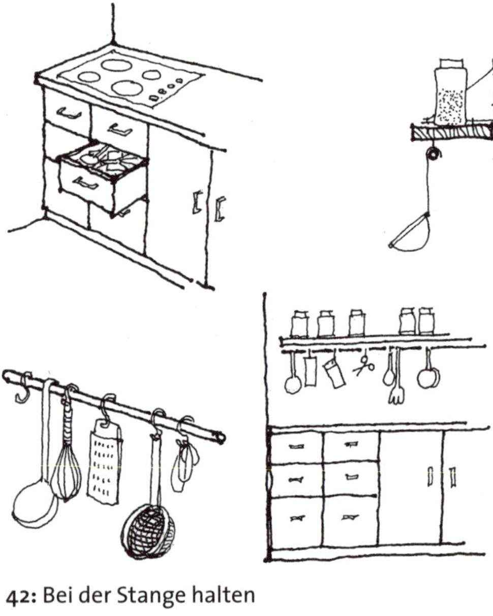

Bild 42: Bei der Stange halten

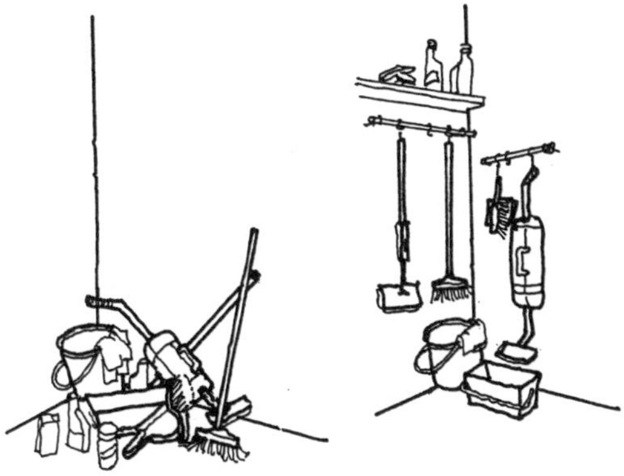

Bild 43: Es schwebt über dem Fußboden

Hier gibt es einen einfachen Trick: nämlich die Stange mit S-Haken (Bild 42). Unter einem Küchenbord oder Hängeschrank lässt sie sich leicht montieren.

Ähnlich ist es mit der Putzecke. So gewinnen Sie freie Flächen bzw. halten den Fußboden frei (Bild 43).

Schätzen Sie einmal: Wie oft laufen Sie hin und her, um den Tisch zu decken oder die Gäste zu bewirten? Irgendetwas fehlt immer. Wie wäre es da mit einem Tablett, auf dem alles steht, was Sie brauchen? Wenn Sie es schon am Abend für das Frühstück richten, fängt der Tag wirklich gut an.

Auch der Korb im Flur enthält alles, was irgendwo hin soll: in den Keller, in das Auto, in den Briefkasten.

5.10 Mit einem Blick

Können Sachen reden? Natürlich nicht. Oder vielleicht doch?

Sie kennen diesen Anblick: im Küchenregal aufgerissene Tüten, im Büro angebrochene Schachteln, im Kleiderschrank alte Schuhkartons. Im Keller kunterbunte Pappkisten unterschiedlicher Größe und Form. Allen Beispielen ist eines gemeinsam: Der Inhalt ist schleierhaft.

Haben Sie schon einmal in sieben Behältnisse reingeschaut, um schließlich im achten das Gesuchte zu finden?

Machen Sie es sich doch einfacher: Lassen Sie die Dinge selbst sprechen. Das können diese auch, wenn sie sich hinter Glas befinden.

Was es auch immer sei: Reis, Kaffee, Kakao; Briefklammern, Reißnägel, Heftklammern; Schrauben, Nägel, Haken – alles stellt sich in Gläsern selbst vor – sodass sogar das Beschriften entfällt (Bild 44).

Wenn schon Kartons, z. B. im Keller, dann stapelbare. Es können ausgediente Obst- oder Gemüsekisten sein. Sie sind in der Regel ziemlich robust und lassen sich bei gleichem Format bequem übereinanderstapeln. Hier brauchen wir natürlich eine gut lesbare Beschriftung: Werkzeug, Elektromaterial, Reinigungsmittel, Pinsel, Farbe. Aus diesen simplen Kartons kann man auch frei stehende oder rollende Türme bauen und erspart sich damit ein Regal (Bild 45).

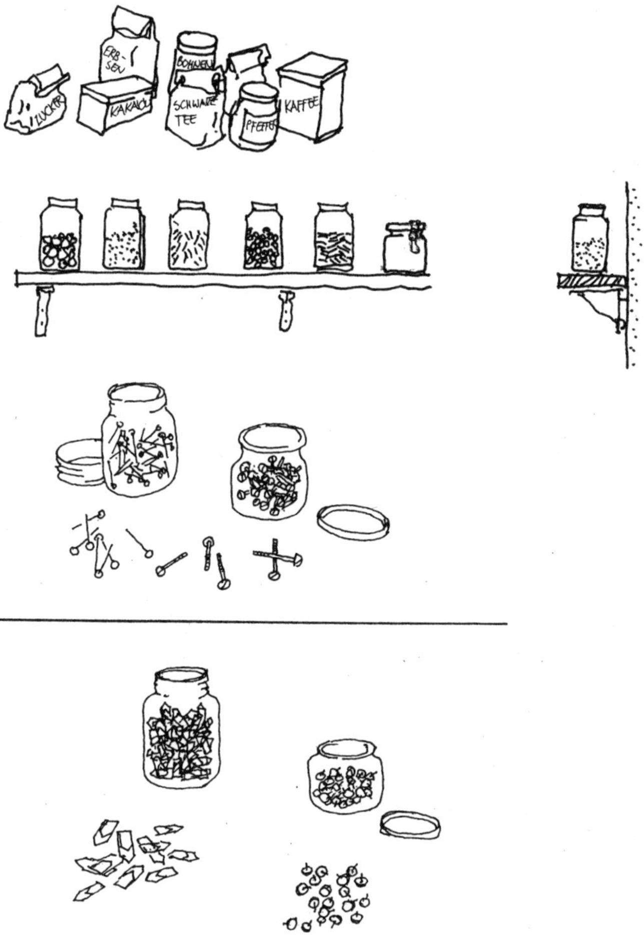

Bild 44: Des Rätsels Lösung

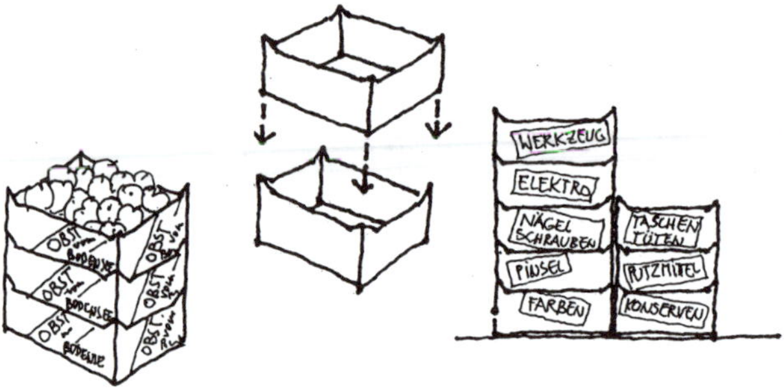

Bild 45: Stapeln erlaubt

5.11 Den Papiertiger reiten

Ein jedes Ding an seinem Ort
erspart viel Zeit und böse Wort.
Volksmund

Wenn die Ablage mit der Aufschrift „EILT" so aussieht, dann hat jemand entweder geschlafen oder die Sachen sind doch nicht so eilig (Bild 46).

Vermutlich handelt es sich nur um die Spitze des Eisbergs. Er ist schon groß und wird von Tag zu Tag größer, dieser Papierhaufen. Es stellt sich also die Frage: Wer reitet hier wen? Sie den Papiertiger oder der Papiertiger Sie? Da hilft nur eines: die Zähmung. Aber wie? Sie brauchen eine Steuerzentrale, mit deren Hilfe Sie den Papiertiger bändigen und immer wieder in den Käfig sperren.

DIE STEUERZENTRALE

Der Ort der Zähmung hat zwei Eigenschaften: Er ist leicht zu überblicken und leicht zu bedienen. Im

Zentrum steht ein Mappenboy mit vielen Hängemappen. Das Geheimnis: Der Mappenboy steht bescheiden an Ihrem Schreibtisch (darunter oder daneben), kommt jederzeit angerollt, wenn Sie ihn brauchen, und bringt alles ins Lot. Lot - das ist das Stichwort. Ist das Papier erst einmal in die Senkrechte gebracht, ist der Papiertiger gezähmt. Und bei Hängemappen brauchen Sie dafür noch nicht einmal einen Locher.

Freilich, es erfordert auch hier ein sinnvolles System. Dafür gibt es eine einfache Regel:

- Alles, was noch im Fluss, also noch in Arbeit ist, darf in den Mappenboy. Der ist nämlich Ihre Werkstatt für den Alltag (siehe Kapitel 4.6).

Bild 46: Zum Verzweifeln

- Was beendet und abgeschlossen ist, kommt in Aktenordner oder Stehsammler, und dann in das Archiv. Also: weg von Ihrem Arbeitsbereich!
- Alles Übrige wandert sofort in den Papierkorb, es sei denn, es soll von einer anderen Person weiterbearbeitet werden.

Das ist schon alles! Klingt einfach, nicht wahr? Ist es im Prinzip auch, wenn man sich daran hält.

Es versteht sich von selbst, dass Ihr Mappenboy eine innere Ordnung braucht, die von Ihren jeweiligen Aufgaben abhängt. Jede Aufgabe, jede Funktion, jedes Projekt lässt sich in einzelne Mappen aufteilen und mit üblichen Reitern beschriften. Sie können ein Projekt auch in einzelne Etappen aufteilen (z. B. Projektanfang, Projektmitte, Projektabschluss).

Wie in einer Werkstatt muss Ihr Mappenboy laufend beobachtet, aktualisiert und umgeschichtet werden. Was überholt bzw. erledigt ist, fliegt sofort raus. Nur Aktuelles darf hinein. Diese regelmäßige Frischzellenkur gilt auch für die Organisation der einzelnen Mappen untereinander: neue Kategorien, neue Rubriken, eine neue Hierarchie (Bild 47).

Ihr Mappenboy ist kein Endlager, sondern ein Zwischenlager. Setzen Sie sich klare Fristen. Das Verfallsdatum beträgt nur wenige Wochen.

DICKE FREUNDSCHAFT

Der Clou ist die Kombination von Ihrem Mappenboy einerseits und Ihrem Tischkalender bzw. Ihrer Kladde andererseits (Bild 48). Die beiden sind nämlich eng befreundet und ergänzen sich ständig. Beide haben ein gemeinsames Ziel: Ihren Schreibtisch vor herumwilderndem Papier zu schützen und frei zu halten. Und zwar frei für den einen Vorgang, der jetzt gerade für Sie wichtig ist und Ihre volle Aufmerksamkeit erfordert.

Wie schaffen die beiden das? Was vorrangig oder mit einer Frist zu erledigen ist, wird in Ihrem Tischkalender vermerkt, alternativ in einer To-do-Liste in

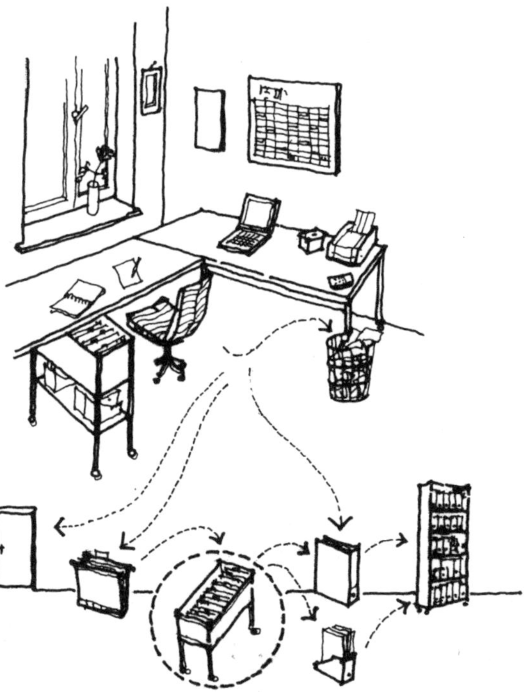

Bild 47: Der Papiertiger kommt in den Käfig

Bild 48: Eng verbunden

Ihrer Kladde. Die entsprechenden Papiere versinken gleichzeitig in Ihrem Mappenboy und dürfen erst dann wieder ans Tageslicht, wenn Ihr Kalender (oder Ihre To-do-Liste) grünes Licht gibt. Für umfangreichere Unterlagen gibt es auch Hängesammler mit zwei bis sechs Zentimeter breitem Boden.

Jetzt ist der Tiger gezähmt.

5.12 Platz für Schönes

Haben Sie schon einmal versucht, aus einem wie in Bild 49 gezeigten Regal etwas herauszunehmen? Sie suchen den Duden, aber – wo ist er bloß? Auf der Suche stolpern Sie über tausend andere Dinge: Reiseprospekte, Bildbände, Atlanten, ungelesene Zeitschriften und herausgerissene Zeitungsausschnitte – die Ihnen signalisieren: Du wolltest mich doch noch lesen! Auch das noch: Ein Formular der letzten Steuererklärung hängt wie ein nasser Lappen über der hübschen Goethesammlung, daneben ein veralteter Fahrplan der Bundesbahn.

Ach ja, was wollte ich eigentlich? Stimmt, den Duden. Und dabei will ich doch nur schnell nachschauen, ob man Schifffahrt mit zwei oder drei f schreibt. Nun schnappe ich ihn mir, ich versuche es zumindest. Leider ist er eingequetscht zwischen Aktenordnern, Reiseführern und einem dicken Fachbuch für Heimwerker. Dann eben mit Gewalt. Ein Ruck, und schon haben wir die Bescherung: Mit dem Duden poltert der halbe Regalinhalt samt Zubehör auf den Fußboden. Nein, so kann es nicht weitergehen.

Die Diagnose haben Sie sicher schon richtig gestellt: Luftnot (s. Methode 9). Hier hilft nur eine radikale Fastenkur mit anschließender Sauerstoffzufuhr (Bild 50). Nach dieser Kurztherapie geht es Ihrem Regal schon viel besser – und Ihnen auch, oder?

Bild 49: Regal vorher

Bild 50: Regal nachher

Es steht nirgendwo geschrieben, dass ein Regal bis zum Gehtnichtmehr aufgefüllt sein muss. Im Gegenteil: Auch freie Flächen sind erlaubt. Diese können ganz leer bleiben – ein wahrer Luxus. Denken Sie aber auch an Dinge, die einfach nur schön sind, Sie an etwas Angenehmes erinnern oder Ihnen schlicht und ergreifend Freude machen. Diese ausgewählten Dinge verdienen einen Ehrenplatz: z. B. auf einer freigeschaufelten Fläche (Bild 51).

Bild 51: Platz für Schönes

Auch Räume müssen nicht mit Möbeln vollgestopft sein. Je weniger Möbel, desto großzügiger und luftiger wirkt der Raum.

5.13 Wenn die Post dauernd klingelt

Stellen Sie sich vor: An Ihrer Haustür klingelt es alle paar Minuten. Jedes Mal gibt der Briefträger einen einzelnen Brief ab. Sie rennen den ganzen Tag hin und her: Haustür auf, Haustür zu, Haustür auf, Haustür zu.

Wenn Ihnen jemand eine solche Postzustellung zumuten würde: Sie würden entschieden ablehnen, oder? Dennoch sind wir nicht nur mit einer, sondern mit mehreren solchen Postzustellungen konfrontiert. Haben Sie Ihre schon einmal gezählt?

Heute haben wir es mit vielen verschiedenen Briefträgern und Briefkästen zu tun: E-Mail-Inbox beruflich und privat, Mailbox des Handys beruflich und privat, Anrufbeantworter des Telefons beruflich und privat, Briefkasten bzw. Postfach beruflich und privat. Ganz zu schweigen von dem Faxgerät beruflich und privat. Das macht zusammen: zehn verschiedene Briefkästen.

Quizfrage

Nehmen wir an, es käme alle zehn Minuten eine Nachricht in jeweils einen der zehn Briefkästen. Gehen wir von einem Zehnstundentag aus. Was schätzen Sie: Wie viele Nachrichten wären das an einem Tag?

Lösung: 600 Nachrichten.

Albtraum oder Wirklichkeit? Leider sieht die Wirklichkeit in vielen Fällen noch viel schlimmer aus. Hier einige Tipps.

- Schalten Sie Ihren PC auf „stumm“, damit es nicht bei jedem E-Mail-Zugang klingelt.
- Gehen Sie nicht ständig an den Briefkasten in Ihrem PC. Reservieren Sie sich feste „Sprechzeiten“, die Sie für den Posteingang reservieren.

- Beginnen Sie den Tag nicht damit, Briefkästen zu öffnen, auch nicht die Inbox der E-Mail. Sie zerstreuen damit Ihre Konzentration, zerhacken den Tagesrhythmus und lassen sich von außen fremdsteuern!
- Beginnen Sie den Tag stattdessen mit einer konzentrierten Arbeit, die sogar unangenehm sein darf. Danach sind Sie sie los und wieder frei.
- Ihre „Sprechstunde" für die E-Mail legen Sie in eine Zeit, in der Ihr Biorhythmus auf Entspannung schaltet. Diese Routinearbeit lässt sich häufig nebenbei erledigen.
- Beantworten Sie E-Mails möglichst umgehend. Nutzen Sie auch die Betreff-Zeile: Hier kann eine kurze Botschaft bereits komplett enthalten sein (z. B.: „Ist angekommen, vielen Dank!").
- Auch für E-Mails gibt es Papierkörbe. Nutzen Sie sie, soweit möglich. So kann eine E-Mail, die Sie beantwortet haben, gelöscht werden, wenn sie in Ihrer Antwort enthalten ist. Dann ist sie ja im Ordner „Gesendet" gespeichert.
- Vermeiden Sie eine doppelte Buchführung: Wichtige E-Mails werden nur einfach archiviert. Entweder im PC oder ausgedruckt im Mappenboy oder Archiv.
- Ein E-Mail-Spamfilter versteht sich von selbst.
- Vergessen Sie nicht das Schild an Ihrem Hausbriefkasten: „Bitte keine Werbung und keine Wurfsendungen".
- Wenn Sie von Werbebriefen und Werbeprospekten belästigt werden: Schicken Sie sie ungeöffnet an den Absender zurück: „Annahme verweigert".

5.14 Was brauchen wir wirklich?

Haben Sie schon einen Edelstahl-Pfannenspritzschutz, einen Gourmet-Brenner zum Karamellisieren, Flambieren und Überbacken, eine elektrische Salz- und Pfeffermühle, Crème-Brûlée-Schälchen, Bilderrahmen in Lederoptik, Stimmungslicht mit Farbwechsler zur Optimierung der Wohnatmosphäre, einen Pflanzenfeuchtigkeits-Sensorfrosch, einen Turboduster, einen Intensiv-Luftbefeuchter mit Timer, ein Deckenradio mit Bewegungsmelder, einen aufladbaren Obst- und Gemüseschäler, ein Ultraschall-Reinigungsgerät, bunte Porzellan-Dreieck-Schälchen, eine rote Leuchtschale, Heizwickler

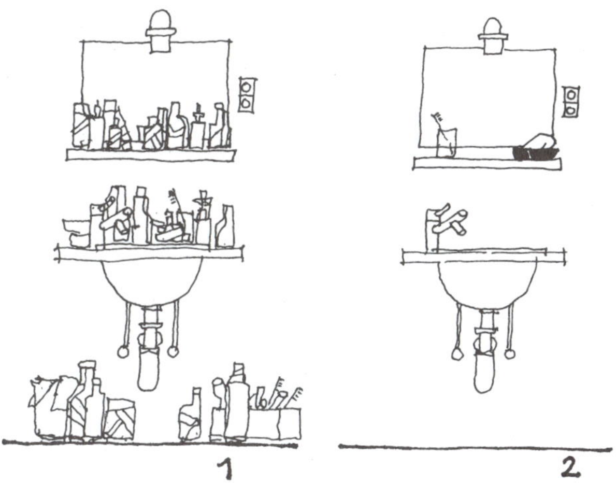

Bild 52: Hundert Fläschchen, Döschen und Tübchen. Genügen da nicht Wasser und Seife?

für Dauerlocken, einen Fusselrasierer mit extragroßen Scherflächen, eine Schminkmappe mit automatischer Innenbeleuchtung und einen Salzkristall-Teelichthalter?

Sie lachen vielleicht. Aber diese Angebote finden sich in den Sonderprospekten, die im Abstand von nur einer Woche in unsere Hausbriefkästen flattern.

Hand aufs Herz: Wie oft sind wir schon schwach geworden und haben zugeschlagen? Obwohl das Teil, nachdem es nur einmal gebraucht war, heimatlos herumliegt? Wie viele Hometrainer mag es geben, die seit Monaten unbenutzt vor dem Badezimmer stehen und neben der Bodymass-Index-Waage vor sich hin dösen?

Haben Sie schon einmal überlegt, zu mieten, statt zu kaufen?

Wundert es uns dann noch, dass unsere Arbeitszimmer, Wohnzimmer, Kleiderschränke, Küchen und Regale an Überfrachtung leiden und manche Keller an Basare erinnern?

Auch der Schnappschuss im Badezimmer zeigt die gleichen Symptome: Verstopfung, wohin das Auge blickt. Mal ganz ehrlich: Was brauchen wir dort wirklich? Doch eigentlich nicht viel mehr als Wasser und ein gutes Stück Seife, oder? (Bild 52)

6

Immer am Ball bleiben

Halte Ordnung, und die Ordnung wird dich halten.
Unbekannt

Mancher Leser wird vielleicht einwenden, dies alles sei ja schön und gut, aber leider nicht realistisch. Der Alltag bringe alles wieder durcheinander und es gäbe viele Störfälle.

Das ist in der Tat so. Dennoch ist es sinnvoll, Idealzustände zu beschreiben, um ein Ziel zu setzen. Ohne Vision ist es schwer, sich auf den Weg zu machen.

Um uns toben verschiedene Fluten: Datenflut, Papierflut, die Flut der Werbeflyer, Schnäppchen und Sonderangebote. Die Rettung beginnt mit einer wesentlichen Einsicht: Wir sind immer nur auf der Durchreise. Und es reist sich einfach leichter mit wenig Gepäck. Weniger ist mehr. Und vor allem: Je nach Reiseetappe, d. h. Lebensphase, brauchen wir unterschiedliches Gepäck. Notwendig ist also ein laufender Anpassungsprozess.

Haben Sie Ordnung erst einmal erreicht, will sie aufrechterhalten werden. Es erfordert also eine ständige Aufmerksamkeit, Wachsamkeit und Achtsamkeit, damit alles im Fluss bleibt und keine Staus oder Überschwemmungen entstehen.

- Chaos kommt von alleine, Ordnung nicht.
- Ordnung ist kein Zustand, sondern eine Tätigkeit.

Dabei gilt: Wehret den Anfängen! Eine neue Akte kommt in den Ordner rein? Ein paar überholte Papiere fliegen dafür raus! Ein neuer Hut will hinein? Dann muss der alte raus (Bild 53)!

Die Notiz ist in die Kladde eingetragen? Dann kommt diese zurück an ihren Platz. Ein kleiner Stapel hat sich auf der Fensterbank niedergelassen? Im Vorbeigehen lösen Sie ihn wieder auf.

Wenn Sie am Ball bleiben, immer wieder auf die kleinen Dinge achten, wird auch das große Ganze in

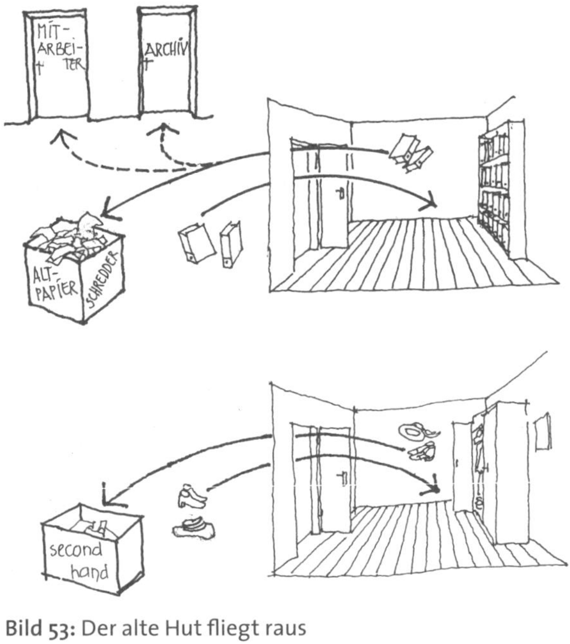

Bild 53: Der alte Hut fliegt raus

Ordnung bleiben. Es ist wie nach einer Fastenkur: Man hat schnell wieder das alte Gewicht, es sei denn, man ändert seine Essgewohnheiten. So, wie es gesund ist, immer wieder einen Fastentag einzulegen, empfehlen sich auch Tage des „Produktfastens" (Pohle 2003): Einmal bewusst nicht shoppen gehen, bewusst nicht „zuschnappen", um das verlockende Schnäppchen zu ergattern.

Sicher ist es Ihnen schon aufgefallen: Der Umgang mit Sachen hat eine Bedeutung, die über die Dinge hinausreicht. Wie es außen um uns herum aussieht, wirkt sich auf unser Lebensgefühl aus. Und wie es in uns aussieht, wird außen in unseren Räumen sichtbar.

Die asiatische Lehre „Feng-Shui" (übersetzt „Wind und Wasser") geht davon aus, dass alles, was uns umgibt, aus Energie besteht. Wohl fühlen wir uns dann, wenn diese Energie ungestört fließen kann; unwohl, wenn sie blockiert ist. Gerümpel blockiert die Energie. Dies gilt auch dann, wenn es sich hinter Einbauschränken versteckt oder in Schubläden und Kisten verschwindet. Entscheidend ist die Realität - auch hinter den Kulissen.

Asiatisch geprägte Literatur geht sogar noch weiter: Hier repräsentiert jeder Raum einen Lebensbereich (Kingston 2006, Küstenmacher, Seiwert 2006). So steht der Keller für die Vergangenheit und das Unbewusste. Der Dachboden steht für Entwicklung, Ideen und Zukunft - nicht umsonst sitzen Chefs gerne im obersten Stockwerk. Eingangsbereich und Türen symbolisieren den Kontakt zur Welt und das Verhältnis zu den Mitmenschen. Das Wohnzimmer repräsentiert das „Herz", die Küche den Bauch, der Kleiderschrank das Verhältnis zum Körper. Der Fußboden repräsentiert die Bodenhaftung bzw. die Finanzen – nicht umsonst ist der Fußboden im Eingangsbereich der Banken nichts anderes als: leer.

Wie dem auch sei, in jedem Fall gilt: Innen und Außen stehen in einer ständigen Wechselbeziehung. Das eine beeinflusst das anderen, das eine spiegelt das andere wider. Wenn Sie den Umgang mit den Dingen ändern, betrifft dies daher auch eine Änderung Ihres Lebensstils.

Dieser Lernprozess ist nicht leicht, führt uns jedoch zu der ersehnten Leichtigkeit, Klarheit und Freiheit für das, was uns wirklich wichtig ist. Hier können wir von vielen alten Weisheitslehren lernen, im Westen wie im Osten.

Ein Heißluftballon gewinnt erst dann an Höhe, wenn er Ballast abgeworfen hat. In diesem Sinne wünschen wir Ihnen: Schöne Aussichten!

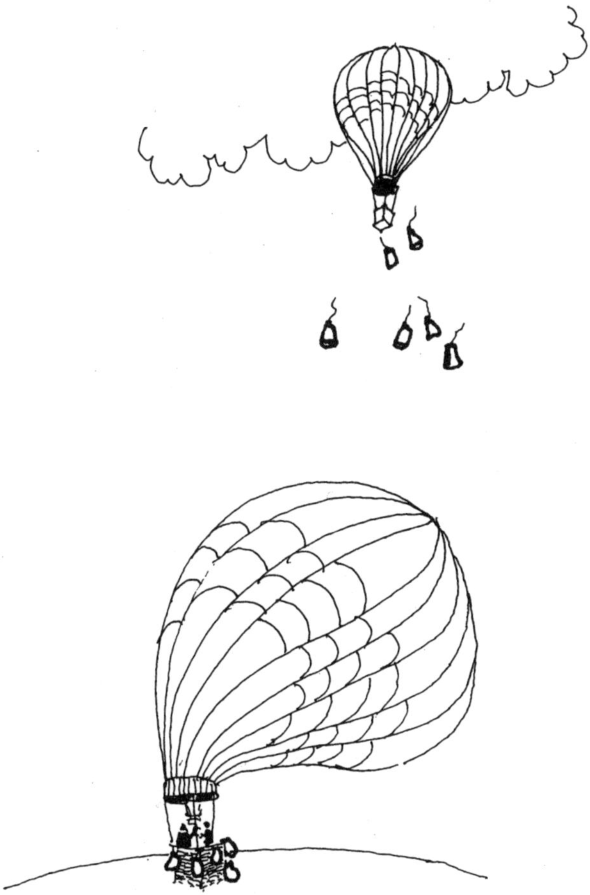

Bild 54: Ballast abwerfen: Erst dann kann man Höhe gewinnen

Anhang: Quizfragen

Mit den folgenden Fragen können Sie die wichtigsten Inhalte wiederholen und überprüfen, was Sie sich gemerkt haben bzw. was für Sie besonders bedeutsam ist. Das Kapitel, aus dem die Frage stammt, ist ebenfalls genannt, damit Sie dort nachlesen können. Viel Spaß bei dem Quiz!

Fragen

Vorwort

1. Kompetenzen: aus welchen drei Komponenten setzen sie sich zusammen?
2. Kompetenzen: welche der drei Komponenten ist zentral und bildet die Grundlage?
3. Schlüsselkompetenzen: wie lautet die kurze, allgemeine Definition?
4. Schlüsselkompetenzen: Wie lauten die fünf Basiskompetenzen, in die sie sich einteilen lassen?
5. Bitte ordnen Sie jeweils richtig zu (Buchstaben zu Zahlen):
   I. Persönliche Kompetenz
   II. Soziale Kompetenz
   III. Methodische Kompetenz
   IV. Aktionale Kompetenz
   V. Reflexive Kompetenz
      a. Ausführungsbereitschaft

b. Feedback geben und annehmen
c. Verständnisbereitschaft
d. Initiative
e. Darüber nachdenken, welche weiteren Schritte für das Projekt sinnvoll wären
f. Präsentieren
g. Meine Stärken, meine Schwächen kennen
h. Tatkraft
i. Kommunikationsfähigkeit
j. Emotionale Intelligenz
k. Verständlich schreiben
l. Frustrationstoleranz
m. Selbstreflexion
n. Das Verhalten des Teams reflektieren
o. Kooperationsfähigkeit
p. Moderieren
q. Die Zielrichtung der Organisation analysieren
r. Werte
s. Achtsamkeit in Hinblick auf andere Menschen

Kapitel 2

6. Ordnung: eine kurze Definition in einem Satz?
7. Die beiden Schritte zur Ordnung?
8. Ein wichtiges Ordnungsprinzip in der Natur?
9. Licht ist ein wichtiges ordnendes Prinzip. Bitte ordnen Sie jeweils richtig zu (Buchstaben zu Zahlen):
   I. Gerichtetes Licht
   II. Streulicht

a. Leuchtkugel an der Decke
b. Schafft Ordnung
c. Lenkt Licht dorthin, wo es gebraucht wird
d. Raum wird sinnvoll strukturiert
e. Diffus
f. Lichtinseln
g. Beziehungslos im Raum
h. Stehlampe
i. Neonröhre

10. Welche beiden Arten von Ordnung gibt es?

    a. ....Ordnung

    b. ....Ordnung

11. Die beiden Arten von Ordnung: welche Merkmale haben sie? (je drei Stichworte)

    a. ....Ordnung: ....

    ....

    b. ....Ordnung: ....

    ....

12. Die beiden Arten von Ordnung: Nennen Sie jeweils drei Beispiele

    a. ....Ordnung: ....

    ....

    b. ....Ordnung: ....

    ....

13. Welche Art der Ordnung ist in diesem Buch gemeint?

14. Welche beiden Gefahren bedrohen diese Art der Ordnung?

Kapitel 3

15. Störende Gegenstände („Krempel“): in welche acht Kategorien lassen sie sich einteilen?
16. Horten kostet. Nennen Sie fünf Kostenarten mit je einem Beispiel (Stichwort).

Kapitel 4

17. Methoden, um Ordnung zu schaffen und zu halten: um welche 15 handelt es sich?
18. Der Härtetest in Kürze: wie lauten die drei Fragen?
19. Somatische Marker: aus welchem Fachgebiet stammt der Begriff?
20. Somatische Marker: worum geht es?
21. Somatische Marker: Nennen Sie drei Beispiele
22. Somatische Marker: Bei welcher Ordnungsmethode spielen sie eine Rolle?
23. Somatische Marker: auf welche Frage des Härtetests beziehen sie sich?
24. Somatische Marker: welche Bedeutung haben sie in diesem Zusammenhang?
25. Eisenhower Matrix: Bei welcher Ordnungsmethode spielt sie eine Rolle?
26. Eisenhower Matrix: aus welchen beiden Kriterien wird sie gebildet?
27. Methode „Im Viervierteltakt“: Für welche Kategorien stehen die vier Kisten?

28. Methode „Im Viervierteltakt“: Welche Kiste sollte die Größte sein?

29. Methode „Im Viervierteltakt“: a. Welche Kiste hat ihre Tücken? b. Was ist die Gefahr? c. Was ist dagegen zu tun?

30. Methode „Im Viervierteltakt“: Welche drei Spezialfälle gibt es bei Kiste 3?

31. Das Prinzip der Reichweite: Bei welcher Ordnungsmethode spielt es eine Rolle?

32. Das Prinzip der Reichweite: a. wonach richtet es sich und b. wie lautet die Regel?

33. Methode „Werkstatt und Zentrallager“: Welchen beiden Kisten sind sie jeweils zugeordnet?

34. Unterschiedlicher Flächenverbrauch von „Horizontal“ versus „Vertikal“: bei welcher Ordnungsmethode spielt dieser Vergleich eine Rolle?

35. Schätzen Sie den Flächenverbrauch:
    a. Matratze versus Fußsohle: Faktor …
    b. Blatt Papier, horizontal versus vertikal: Faktor …

36. Bei welcher Ordnungsmethode geht es darum, a. ein neues Spiel zu spielen? b. Wie lauten die beiden neuen Spielregeln?

37. Härtetest vor jeder Kaufentscheidung: a. bei welcher Ordnungsmethode spielt er eine Rolle?
    b. Wie lauten die drei Fragen?

Kapitel 5

38. Der ideale Schreibtisch: Wie kann er strukturell angeordnet werden, um ihn zu entlasten?
39. Der ideale Schreibtisch: Welche Funktionen sind den jeweiligen Flächen zugeordnet? (Mit je einem Beispiel)
40. Den Papiertiger reiten: welche beiden Elemente gehören dazu bzw. zusammen?
41. Welches zeitliche Prinzip gilt für den Mappenboy?
42. a. Mappenboy versus b. Aktenordner: Wohin gehören sie räumlich?
43. a. Mappenboy versus b. Aktenordner: welcher Ordnungsmethode sind sie zugeordnet?

Kapitel 6

44. Was bedeutet „Feng Shui“ übersetzt?
45. Nach der Lehre von Feng Shui: a. Wann fühlen wir uns in einem Raum wohl, b. wann unwohl?
46. Nach der Lehre von Feng Shui: Warum macht es keinen Sinn, Gerümpel zu verstecken, z. B. hinter Einbauschränken oder in Schubläden?

Lösungen

1. *Wissen, Fähigkeiten, Haltungen*
2. *Haltungen, Einstellungen*
3. *Überfachliche Kompetenzen*

4. *Persönliche, soziale, methodische, aktionale, reflexive Kompetenz*

5. *I: g, j, m, r;*
   II: c, i, o, s;
   III: b, f, k, p;
   IV: a, d, h, l;
   V: e, n, q

6. *Gleiches zu Gleichem und von Andersartigem trennen*

7. *1. Trennen: scheiden, unterscheiden, sich entscheiden;*
   2. verbinden: zusammenfassen, gruppieren, gliedern

8. *Symmetrie*

9. *I: b, c, d, f, h;*
   II: a, e, g, i

10. *a. Monotone, b. Kreative*

11. *a. Monotone: geschlossen, kontrollierend, starr, steril, rigide;*
    b. Kreative: spielerisch, offen, Regeln mit Spielräumen, Kreativität freisetzend

12. *a. Monotone Ordnung: Aktenarchiv, Armee, Plattenbau;*
    b. Kreative Ordnung: Schachbrett, Bachfuge, Gartenstadt

13. *Kreative Ordnung*

14. *a. Zuviel: Überkontrolle;*
    b. Zuwenig: Chaos

15. *I. nicht brauchen;*
    II. nicht mögen;

III. *aus schlechtem Gewissen behalten;*
IV. *defekt;*
V. *schlecht geordnet;*
VI. *zu viel;*
VII. *unerledigt;*
VIII. *obdachlos*

16. I. *Stillstand (hält an Vergangenheit fest);*
II. *Übergewicht (Verstopfung);*
III. *Klebstoff (bindet Energie);*
V. *Imageschaden (geschäftsschädigend);*
V. *Minusgeschäft (Anschaffung, Aufbewahrung, Fläche, Umweltbelastung)*

17. I. *Oasen schaffen;*
II. *Auf den Kopf stellen;*
III. *Glänzende Aussichten;*
IV. *der Härtetest;*
V. *Im Viervierteltakt;*
VI. *Werkstatt und Zentrallager;*
VII. *Wahrer Luxus;*
VIII. *Aufrichten;*
X. *Ein Viertel Luft;*
X. *Ins Rollen bringen;*
XI. *Glasklar;*
XII. *Das goldene Gummiband;*
XIII. *Eins rein- Eins raus;*
XIV. *Das gute Stück;*
XV. *Vor dem Anfang kommt das Ende*

18. 1. *Brauche ich dich wirklich?*
2. *Habe ich dich nicht schon?*
3. *Gibst Du mir Kraft, machst du mich froh?*

19. *Psychosomatische Medizin*

20. *Emotionale Signale und Botschaften in Form von körperlichen Reaktionen*
21. *Müdigkeit, Muskelverspannungen, Kopfschmerzen*
22. *Im Viervierteltakt*
23. *Gibst Du mir Kraft, machst Du mich froh?*
24. *Auf die körperlichen Signale achten, die ein Ding bei uns auslöst, und sie ernst nehmen*
25. *Im Viervierteltakt*
26. *a. Wichtig; b. dringend*
27. *1. Weg damit!*
    2. weiterleiten
    3. wichtig, nicht aktuell
    4. wichtig, aktuell
28. *Kiste 1: Weg damit!*
29. *a. Kiste 2: weiterleiten;*
    b. steht ewig herum;
    c. eine klare Frist setzen (max. 4 Wochen), danach in Kiste 1!
30. *1. Krempel-Kiste;*
    2. Schatztruhe;
    3. Geschenke-Kiste
31. *Methode „Werkstatt und Zentrallager“*
32. *a. Nach dem Gebrauch;*
    b. je häufiger, desto näher; je seltener, desto weiter weg
33. *a. Kiste 3: Zentrallager;*
    b. Kiste 4: Werkstatt
34. *Aufrichten*

35. *a. Faktor 30;*
    b. Faktor 3000

36. *a. Das goldene Gummiband*
    b. 1. dem Teil einen festen Platz zuweisen; 2. das Teil nach Gebrauch sofort dorthin zurücklegen („es zieht zurück")

37. *a. Eins rein – eins raus;*
    b. 1. Brauche ich dich wirklich? 2. Habe ich dich nicht schon? 3. Welches andere Teil kommt dafür hinaus?

38. *Vom I zum U: U-förmig*

39. *1. Technik (PC);*
    2. Handarbeit (schreiben);
    3. Arbeitsmittel (Locher)

40. *1. Mappenboy*
    2. Kalender bzw. Kladde

41. *Zwischenlager, kein Endlager. Nur Aktuelles, klare Fristen*

42. *a. an den Schreibtisch;*
    b. in das Archiv

43. *a. Mappenboy: Werkstatt;*
    b. Aktenordner: Zentrallager

44. *Wind und Wasser*

45. *a. Wenn die Energie ungestört fließen kann;*
    b. wenn die Energie blockiert ist

46. *Gerümpel blockiert die Energie auch dann, wenn es unsichtbar ist. Es zählt die Realität – auch hinter den Kulissen.*

Literatur

Gisbon, K.: Aufgeräumt macht glücklich. Herder, Freiburg 2006 (Originaltitel: Unclutter your life. Beyond Word Publishing, 2004)

Kingston, K.: Feng Shui gegen das Gerümpel des Alltags. Rowohlt, Reinbek b. Hamburg 2006 (Originaltitel: Clear Your Clutter with Feng Shui. Judy Piatkus, London 1998)

Küstenmacher, W., Seiwert, L.: Simplify your Life. Campus, Frankfurt/New York 2006

Pohle, R.: Weg damit! Goldmann, München 2003

Pohle, R.: Weg damit! Büro ohne Ballast. Goldmann, München 2004

Polander, R.: Easy Living. Das Leben entrümpeln – zum harmonischen Gleichgewicht finden. Pabel-Moewig, Rastatt 2007

Roth, S.: Einfach aufgeräumt! Campus, München 2005

Smallin, D.: Gut aufgeräumt! Goldmann, München 2005 (Originaltitel: Organizing Plain & Simple. Storey Publishing, 2002)

St. James, E.: Zurück zum Selbst. Goldmann, München 1996 (Originaltitel: Simplify Your Life. Hyperion, New York 1994)

St. James, E.: In Einfachheit leben. Goldmann, München 1998 (Originaltitel: Living the Simple Life. Hyperion, New York 1996)

Townley Ewer, C.: Nie wieder Chaos. So bekommen Sie Ihren Haushalt in den Griff. Dorling Kindersley, München 2007 (Originaltitel: Cut the Clutter, London 2006)

Winston, S.: Leben ohne Chaos. mvg, München 2002 (Originaltitel: Getting out from under. Perseus Books, 1999)

Winston, S.: Schluss mit dem Chaos. Knaur, München 1993 (Originaltitel: Getting organized. Warner Books, New York 1991)